Iniciação aos estudos morfológicos: flexão e derivação em português

Conselho Acadêmico
Ataliba Teixeira de Castilho
Carlos Eduardo Lins da Silva
Carlos Fico
Jaime Cordeiro
José Luiz Fiorin
Tania Regina de Luca

Proibida a reprodução total ou parcial em qualquer mídia
sem a autorização escrita da editora.
Os infratores estão sujeitos às penas da lei.

A Editora não é responsável pelo conteúdo deste livro.
O Autor conhece os fatos narrados, pelos quais é responsável,
assim como se responsabiliza pelos juízos emitidos.

Consulte nosso catálogo completo e últimos lançamentos em **www.editoracontexto.com.br**.

Carlos Alexandre Gonçalves

Iniciação aos estudos morfológicos: flexão e derivação em português

Copyright © 2011 do Autor

Todos os direitos desta edição reservados à
Editora Contexto (Editora Pinsky Ltda.)

Montagem de capa e diagramação
Gustavo S. Vilas Boas

Revisão
Rinaldo Milesi
Renata Truyts

Dados Internacionais de Catalogação na Publicação (CIP)
(Câmara Brasileira do Livro, SP, Brasil)

Gonçalves, Carlos Alexandre
Iniciação aos estudos morfológicos : flexão e derivação
em português / Carlos Alexandre Gonçalves. – São Paulo :
Contexto, 2025.

Bibliografia.
ISBN 978-85-7244-635-8

1. Gramática comparada e geral - Morfologia
2. Português – Morfologia I. Título.

11-00968	CDD-415

Índices para catálogo sistemático:
1. Morfologia : Linguística 415

2025

EDITORA CONTEXTO
Diretor editorial: *Jaime Pinsky*

Rua Dr. José Elias, 520 – Alto da Lapa
05083-030 – São Paulo – SP
PABX: (11) 3832 5838
contato@editoracontexto.com.br
www.editoracontexto.com.br

Apresentação

Em que condições estamos diante de uma nova palavra e quando apenas variamos formalmente uma palavra já existente? O que nos faz considerar 'peixe' e 'peixada' itens lexicais diferentes, e 'peixes', modificação gramatical de 'peixe'? Em que circunstâncias o acréscimo de um afixo amplia o vocabulário de uma língua? Que critérios podem ser utilizados para diferenciar uma palavra nova de uma mesma palavra variada em número ou em gênero? 'Peixinho' e 'peixão' devem ser verbetes independentes de um dicionário? 'Peixinho' e 'peixes' são produtos de um mesmo processo morfológico ou resultam de operações distintas?

Essas e outras questões norteiam a presente obra, que tem foco numa das muitas controvérsias que caracterizam a morfologia de línguas naturais: a delimitação dos dois principais tipos de operações morfológicas – a flexão e a derivação. Como veremos no decorrer dos capítulos, as posições sobre essa dicotomia são polêmicas e vão desde as que defendem uma rígida separação (Scalise, 1988) até as que negam por completo a existência de fronteiras entre elas (Bybee, 1985).

O lugar que a morfologia ocupa num modelo de gramática, sua existência como componente autônomo e as relações com outros módulos dependem, nas palavras de Villalva (2000: 21), do que se toma como modelo de gramática e do que se considera o domínio da morfologia. Por isso mesmo, ainda não é consensual a inclusão dos processos flexionais como parte integrante de um possível módulo morfológico autônomo, independe do sintático e do fonológico. Não é à toa que o lexicalismo logo se viu dividido em duas grandes vertentes: (1) a fraca, segundo a qual a derivação é processada no léxico e a flexão na sintaxe; e (2) a forte, segundo a qual flexão e derivação atuam no léxico.

6 Iniciação aos estudos morfológicos

Neste livro, que constitui versão revista e ampliada de *Flexão e derivação em português*, escrito em 2003 e publicado em 2005 pela Editora da Faculdade de Letras da UFRJ, descrevemos a flexão e a derivação a partir de suas diferenças e semelhanças, fornecendo ao leitor uma visão atualizada e corrente sobre essas duas "morfologias" (Spencer, 1993). Focalizamos, sem necessariamente nos comprometer com uma ou outra orientação teórica, os afixos do português: sua relação com a sintaxe e a fonologia e o diagnóstico a partir da inspeção de critérios empíricos. No decorrer dos capítulos, apresentamos os parâmetros que afastam e aproximam essas "morfologias" de modo crítico e problematizante, buscando verificar, com isso, se flexão e derivação constituem processos radicalmente distintos ou se, na verdade, vêm a ser polos prototípicos de uma mesma operação morfológica.

Em linhas gerais, a flexão tem sido definida como processo morfológico regular, aplicável em larga escala e sem qualquer possibilidade de mudança na categorização lexical das bases. Radicalmente diferente, a derivação tem sido descrita como processo idiossincrático, caracterizado pelo potencial de mudar classes e por grandes restrições de aplicabilidade. Ao longo do livro, mostramos que essas diferenças são relativas, uma vez que à flexão também podem estar associadas arbitrariedades formais e restrições de aplicabilidade, entre outras características tradicionalmente atribuídas à derivação.

Ao mapearmos os parâmetros utilizados para diferenciar ou para nivelar as duas morfologias, apresentamos, simultaneamente, os principais aspectos que definem a flexão e a derivação. Tendo a língua portuguesa como objeto central de investigação, o livro se estrutura da seguinte maneira:

No primeiro capítulo, "Das diferenças entre flexão e derivação", fazemos um exaustivo levantamento das principais diferenças entre a morfologia flexional e a derivacional, listando os critérios empíricos frequentemente usados para segregá-las. Ao analisar flexão e derivação como categorias discretas – isto é, como possuidoras de fronteiras relativamente definidas, sem qualquer possibilidade de gradação ou continuidade –, mostramos que a tarefa de categorizar determinados afixos do português se torna extremamente difícil a partir da inspeção às propriedades apontadas, pela tradição, como características de uma ou de outra morfologia.

No segundo capítulo, "Das semelhanças entre flexão e derivação", fazemos um inventário das principais semelhanças entre flexão e derivação. Ao focalizar a similaridade, discutimos as propostas de tratamento sintático para a morfologia flexional, analisando, para tanto, os aspectos da hipótese lexicalista fraca que consideramos problemáticos e/ou merecedores de reflexão. Atenção especial será dada à questão da perificidade dos afixos flexionais.

No terceiro capítulo, "O *continuum* flexão-derivação", mostramos que flexão e derivação podem não ser tratadas como processos distintos, mas como polos de um *continuum* morfológico. Ao descrever e comentar as ideias de Bybee (1985), para quem as diferenças não são discretas, procuramos (a) identificar os determinantes da expressão flexional e (b) aplicar essa proposta ao estudo das categorias gramaticais do verbo.

Por fim, rediscutimos, no capítulo "O *continuum* aplicado ao português", a proposta de *continuum* flexão-derivação em português, apresentando algumas medidas de avaliação para o posicionamento de afixos ao longo da escala idealizada por Bybee (1985). Para tanto, analisamos alguns elementos morfológicos de difícil categorização em nossa língua e contrastamos, pelo teor flexional/derivacional, os afixos de gênero feminino, número plural e o grau dimensivo.

Esperamos oferecer ao leitor um panorama atualizado sobre essas duas áreas da morfologia. De Mattoso Câmara Jr. (1970) a abordagens mais recentes, como as de Basilio (1987), Rocha (1998) e Rosa (2000), procuramos mostrar diferentes enfoques sobre flexão e derivação em português. Nesse percurso, muitas análises são resumidas, conceitos rediscutidos e novas propostas apresentadas, o que faz deste livro tanto um manual de introdução aos estudos morfológicos do português quanto um roteiro para o aprofundamento das várias perspectivas, a partir das quais flexão e derivação vêm sendo abordadas na linguística contemporânea.

Sumário

Das diferenças entre flexão e derivação 11
    Relevância sintática 12
    Meios de materialização 20
    Aplicabilidade 24
    Estabilidade semântica 31
    Efeitos expressivos 33
    Lexicalização 37
    Mudança de classe 44
    Posição da cabeça lexical 49
    Ordem, relevância do significado e criação de vocabulário novo 53
    Excludência e recursividade 58
    Número de formas e criação de novos afixos 63
    Função indexical 64
    Cumulação e mudança de acento 66
    Palavras finais 67

Das semelhanças entre flexão e derivação 71
    Operações formais da derivação e da flexão 72
    Breve exercício de morfologia comparada 76
    Processos fonológicos em fronteiras morfológicas 78
    Um círculo vicioso 82
    Sobre o lexicalismo: fortalecendo a hipótese forte 83
    Fechando um ciclo (ou círculo?) 88

O *continuum* flexão-derivação 91
    Breve definição de protótipo 91
    A hipótese da relação nula entre afixo e significado: os morfes ø 93

Unidades de expressão e fusões de significado 94
Determinantes da expressão flexional...97
Generalidade e os tipos de expressão linguística..............................100
Da interação relevância-generalidade...103
Fusões de significado nas unidades morfológicas.............................106
Significados verbais: relevância e generalidade................................110
Estrutura e significados verbais em português...................................113
E o *continuum* flexão-derivação?...119

O *CONTINUUM* APLICADO AO PORTUGUÊS.. 123
Hierarquização de atributos...124
Relevância como parâmetro gradual 126
Relevância e ordem 128
Conteúdo mínimo, generalidade e mudança de classe 130
Previsibilidade...131
Outras medidas de avaliação..135
Estudo de caso...137
Gênero, número e grau no *continuum* flexão-derivação..................144

REFERÊNCIAS.. 151

O AUTOR.. 157

Das diferenças entre flexão e derivação

A demarcação de fronteiras entre os dois principais tipos de operação morfológica – flexão e derivação – tem sido apontada como um dos problemas centrais da teoria morfológica contemporânea (Stump, 1998; Dressler et al., 2004). O estabelecimento de critérios objetivos pode ser útil na tentativa de segregar essas duas "morfologias" (Spencer, 1993). No entanto, a operacionalização desses critérios pode levar a agrupamentos muitas vezes contraditórios, o que acaba tornando imprecisa a classificação de um afixo como derivacional ou flexional.

Mais de quinze parâmetros têm sido usados para separar rigidamente a morfologia flexional da morfologia derivacional. Neste capítulo, apresentamos e discutimos esses critérios, observando se são realmente imperativos na tarefa de arbitrar sobre o estatuto morfológico de afixos do português. Por fim, acenamos para a possibilidade de flexão e derivação serem tratadas como uma única operação, do tipo gradiente ou escalar, seguindo a orientação proposta por Bybee (1985), para quem não há limites intransponíveis entre essas duas grandes áreas da morfologia.

De acordo com Stump (1998: 14), o mapeamento de critérios empíricos deve ser visto apenas como tentativa de se conhecerem os principais requisitos para que uma operação morfológica seja classificada como flexional ou como derivacional, uma vez que *a lógica clara dessa distinção pode ser difícil na prática*. Nos itens que se seguem, procuramos mostrar que os critérios empíricos nem sempre dividem as operações morfológicas nos mesmos dois conjuntos: um parâmetro pode levar a um agrupamento que não coincide

12 Iniciação aos estudos morfológicos

necessariamente com aquele obtido a partir da inspeção a outro. Dito de outra maneira, um mesmo afixo pode ser considerado flexional por um critério e derivacional por outro. Por isso mesmo, o levantamento de critérios objetivos deve ser visto como didático; não como um veredicto final acerca do estatuto morfológico de afixos.

Relevância sintática

Podemos recorrer a Anderson (1982: 589) para apresentar uma primeira peculiaridade da flexão. Segundo esse autor, *categorias flexionais são relevantes sintaticamente*, uma vez que refletem uma profunda relação entre a estrutura das palavras e a estrutura das sentenças. Essa característica da flexão é capturada pela máxima apresentada em (i) a seguir:

(i) A flexão é requerida pela sintaxe da sentença, isto é, um contexto sintático apropriado leva à expressão das categorias flexionais, o que não acontece com a derivação, isenta do requisito "obrigatoriedade sintática".

Considerando que a estrutura de palavras derivadas é opaca para a sintaxe, o parâmetro proposto em (i) tacitamente assume a versão fraca da hipótese lexicalista.[1] De acordo com esse critério empírico, são manipuladas pela sintaxe *apenas as propriedades que, presentes numa dada palavra, realizam uma categoria gramatical* (Anderson, 1982: 589). Em outros termos, a sintaxe impõe o uso de afixos flexionais, mas é cega à constituição interna da palavra derivada, sendo, portanto, insensível à existência de afixos derivacionais.

O critério em exame aparece refletido em fenômenos sintáticos como a concordância e a regência. No primeiro caso, elementos estão em relação de concordância se, nos dizeres de Jensen (1991: 115), *precisam ser marcados com o mesmo valor de certos traços morfológicos num domínio sintático específico*. No segundo, tem-se uma ligação pela qual o núcleo de um sintagma requer forma específica de outra palavra (ou classe): o regente governa o(s) termo(s) a ele associado(s), levando-os a receber determinadas marcas morfológicas.

Na assunção feita em (i), está implícita a ideia de que a flexão força escolhas por parte dos falantes e, por isso mesmo, afixos dessa natureza são obrigatórios: têm uso compulsório e são previsíveis a partir de uma construção sintática. As unidades da derivação, ao contrário, podem ser substituídas por alguma classe especial de formas simples sem produzir mudança na construção, o que as torna, de certo modo, opcionais. Vejamos como esse parâmetro pode ser aplicado, na prática, à distinção que nos interessa.

Pelo critério (i), **relevância sintática**, o número constitui categoria flexional em português. Entendida como propriedade inerente (Anderson, 1982), a informação sobre o número dos nomes se torna acessível à sintaxe, pois, através da concordância, a propriedade inerente do controlador é copiada para os alvos (Corbett, 1998). Na sentença em (01), a seguir, o núcleo do sintagma nominal (o controlador da concordância, *'sites'*) espraia a informação de plural aos elementos a ele associados (os alvos 'os', 'brasileiros' e 'melhores'), levando-os a receber a marca desinencial (-*s* ou -*es*, conforme a terminação da palavra). Dessa maneira, o substantivo, por ser o núcleo do sintagma nominal (SN), controla a concordância, determinando o número (singular ou plural) que deverá se manifestar nesse domínio sintático.

> (01) Encontre o**s** melhor**es** *site***s** brasileiro**s** na *home-page* do provedor oficial da Copa (JB, 11/3/2003).

O mesmo raciocínio é válido para a marcação de número/pessoa nos verbos, também manipulada pela sintaxe por meio da concordância (Anderson, 1982). Da mesma forma, o controlador (o sujeito da sentença) impõe o uso de determinadas marcas morfológicas no alvo (forma verbal, núcleo do predicado), o que nos permite interpretar a categoria número/pessoa como flexional, por ser relevante para a sintaxe. Observe-se o exemplo em (02), a seguir, no qual os travessões representam a falta de uma terminação que corporifique as formas verbais:

> (02) Definitivamente, **eu** não encontr— o livro que você tanto me recomend—.

No exemplo em (02), é obrigatório o uso da terminação -*ei* para expressar a informação de que, num momento anterior ao da enunciação, foi o próprio falante quem, sem sucesso, procurava pelo livro. Também é previsível a finalização da segunda forma verbal. Nesse caso, 'recomend—' deverá ser completada com a terminação -*ou*, uma vez que o sujeito da sentença vem a ser a pessoa a quem se dirige o enunciador.

Ainda levando em conta o fenômeno da concordância, podemos afirmar que a marca morfológica de feminino (-*a*) também é de natureza flexional em

14 Iniciação aos estudos morfológicos

português. No exemplo a seguir, o núcleo do sn – o substantivo 'blogueira' – requer manifestação do gênero feminino em todo domínio sintático do qual é peça-chave. Dessa maneira, os espaços em branco (representados pelos travessões) só podem ser preenchidos pela vogal -*a*, uma vez que o controlador da concordância impõe que esse elemento gramatical seja materializado nos seus alvos, os adjetivos 'brasileir—' e 'renomad—' e o predicativo do sujeito 'pres—'.

>   (03)   Reconhecid— blogueira brasileir— é pres— em Nova York.

O critério **relevância sintática** também nos leva a caracterizar o caso como flexional. Em determinadas línguas, como o grego e o latim clássicos, variações nas formas morfológicas servem para sinalizar as relações sintáticas entre palavras de uma sentença. Por exemplo, o substantivo latino 'lupus' ("lobo") podia assumir formas bastante diferentes a depender do caso em que estivesse, isto é, de acordo com a função sintática que desempenhasse. A tabela apresentada em (04) mostra as possíveis terminações desse substantivo, conforme as categorias número e caso:

(04)

	Singular	Plural
Nominativo	lup**us**	lup**i**
Vocativo	lup**e**	lup**i**
Acusativo	lup**um**	lup**os**
Genitivo	lup**i**	lup**orum**
Dativo	lup**o**	lup**is**
Ablativo	lup**o**	lup**is**

A terminação de um nome latino, como o exemplificado em (04), era, portanto, manipulada pela sintaxe: extremamente previsível, a forma do substantivo variava de acordo com sua função sintática. No exemplo em (05), a seguir, o regente é 'uidet' ("vê"), um verbo transitivo direto. Os radicais 'lup—' ("lobo") e 'uulg—' ("povo, multidão"), ambos de segunda declinação, são regidos por 'uidet' e, por isso mesmo, completados conforme suas funções sintáticas. Se "lobo" for o sujeito da sentença, as formas nominais serão finalizadas, nesta ordem, por *-us* (nominativo) e *-um* (acusativo). Caso contrário, isto é, se "lobo" for o objeto direto, as terminações se invertem, sendo acrescentadas as formas *-um* (acusativo) e *-us* (nominativo) a 'lup—' e 'uulg—', respectivamente. Uma vez que a forma dos substantivos é manipulada pela sintaxe por meio da regência, podemos afirmar que o caso constitui categoria flexional em latim, ainda de acordo com o critério empírico estabelecido em (i).

(05) **Lup**— uidet **uulg**— (lobo, vê, povo)
Lupus uidet uulgum (o lobo vê o povo)
Lupum uidet uulgus (o povo vê o lobo)

Por esse primeiro critério empírico, a flexão, por refletir a aplicação de uma regra gramatical, é acessada pela sintaxe. A derivação, ao contrário, não é manipulada pela sintaxe, uma vez que nenhum fenômeno sintático obriga a anexação de afixos dessa natureza. Assim, se gênero e número são categorias flexionais pelo parâmetro **relevância sintática**, o mesmo não acontece, por exemplo, com o grau.

Em português, substantivos podem apresentar-se nas formas aumentativa ('carrão'), diminutiva ('carrinho') e neutra ('carro'). A terminação dos adjetivos, no entanto, não é determinada pela informação contida na representação morfológica dos núcleos aos quais se subordinam. No exemplo em (06), a dimensão do controlador não é obrigatoriamente repassada para os alvos, uma vez que 'xicrinha' está diminutivo, mas seus adjuntos adnominais ('linda' e 'branca') não copiam essa informação, já que não se apresentam, necessariamente, no grau diminutivo.

(06) Depois tomamos chá numa linda xic**rinha** branca de porcelana.

Pelo exemplo em (06), podemos afirmar que há uma diferença crucial entre os afixos de gênero e grau em português: o *-a* de feminino manifesta-se em todo o domínio sintático do qual 'xicrinha' é núcleo, ao passo que o *-inho* de diminutivo só é veiculado no próprio substantivo, sendo opcional nos termos a ele subordinados. Pelo critério **relevância sintática**, portanto, o grau deve ser considerado derivacional, uma vez que não constitui informação acessível à sintaxe ou por ela manipulada.

Apesar de dar conta de muitas categorias tradicionalmente caracterizadas como flexionais, o critério ora em exame não se mostra inteiramente adequado,

16　Iniciação aos estudos morfológicos

em virtude de nem todos os aspectos da morfologia flexional serem diretamente relevantes para a sintaxe. Por exemplo, classes de conjugação e de declinação, embora consideradas flexionais pelo próprio Anderson (1985),[2] independem da atuação de fatores sintáticos. De fato, nenhuma regra sintática é acionada para estabelecer que um verbo como 'tingir' pertence à terceira conjugação; na verdade, não há contexto sintático que determine a conjugação (1ª, 2ª ou 3ª) de um verbo da língua portuguesa.

Vogais temáticas, embora relevantes morfologicamente, são invisíveis para a sintaxe e, por isso, não aparecem, de acordo com Anderson (1982: 598), *num contexto sintático apropriado*. Nenhum morfólogo ousaria afirmar que vogais temáticas – legítimos representantes de uma morfologia mais "pura" (ou *by itself*, nos termos de Aronoff, 1994), sem interação com a sintaxe ou com a fonologia – não constituem unidades da flexão.

Voltemos ao latim clássico. Nessa língua, os nomes pertenciam a uma determinada classe morfológica, a partir da qual se declinavam os seis casos apresentados no quadro em (04). De um modo geral, as vogais temáticas eram responsáveis pela determinação do grupo paradigmático a que pertencia o nome latino, tendo sido as palavras terminadas por consoantes incluídas, como *uma espécie de subgrupo, entre os substantivos que têm vogal temática -i* (Cardoso, 1989: 24). As cinco declinações do latim clássico aparecem no quadro em (07), a seguir. Observe que o reconhecimento da declinação é fundamental para a expressão das categorias número e caso, uma vez que a forma dos nomes varia consideravelmente em cada grupo.

(07)

Caso	Número	1ª declinação	2ª declinação	3ª declinação	4ª declinação	5ª declinação
Nominativo	sing.	*-a*	*-us*	*-is*	*-us*	*-es*
	pl.	*-ae*	*-i*	*-(i)es*	*-us*	*-es*
Vocativo	sing.	*-a*	*-e*	*-is*	*-us*	*-es*
	pl.	*-ae*	*-i*	*-(i)es*	*-us*	*-es*
Acusativo	sing.	*-am*	*-um*	*-im*	*-um*	*-em*
	pl.	*-as*	*-os*	*-is*	*-us*	*-es*
Genitivo	sing.	*-ae*	*-i*	*-is*	*-us*	*-ei*
	pl.	*-arum*	*-orum*	*-ium*	*-uum*	*-erum*

Dativo	sing.	-ae	-o	-i	-ui	-ei
	pl.	-is	-is	-ibus	-ibus	-ebus
Ablativo	sing.	-a	-o	-i(d)	-u	-e
	pl.	-is	-is	-ibus	-ibus	-ebus

Como se vê, a vogal temática vem a ser um elemento morfológico que expande a raiz para a formação de um tema (Aronoff, 1994: 25).[3] O tema, por sua vez, constitui a base para adjunção dos afixos flexionais (marcas de número e de caso). Se, por um lado, parece claro reconhecer a relevância das vogais temáticas para a morfologia flexional, por outro, é extremamente difícil relacioná-las à sintaxe. Dessa forma, caso consideremos flexionais apenas os aspectos da morfologia que estão em conformidade com o critério empírico explicitado em (i), fatalmente teremos de excluir as vogais temáticas do âmbito da flexão.

No paradigma verbal do português, a relevância das vogais temáticas (vts) mostra-se mais saliente no pretérito imperfeito do indicativo. Nesse tempo, é a vt o elemento responsável pela seleção da marca flexional adequada – *-va*, para os verbos de primeira conjugação ('andava', 'namorávamos'), e *-ia*, para os de segunda e terceira ('bebia', 'partíamos'). Formas como *bebeva, *partívamos ou *andiam são agramaticais em decorrência da combinação incorreta entre tema e desinência: temas em *-a* levam ao uso de *-va*, enquanto temas em *-e/-i* requerem o acréscimo de *-ia*. Como a vt prepara o verbo para receber as terminações de tempo/modo/aspecto, é inegável seu papel no mecanismo da flexão verbal. No entanto, o critério (i), ao levar em conta a relevância sintática, acaba por deixar as vogais temáticas à margem da morfologia flexional.

O *slogan* "a flexão é relevante para a sintaxe" também se mostra problemático na caracterização de determinados clíticos.[4] Em algumas línguas, clíticos aparecem num contexto sintático apropriado por relações de regência, podendo, pois, assumir diferentes formas, a depender de sua função sintática (ou caso). Clíticos pronominais, como, por exemplo, 'me', 'se' e 'nos', assemelham-se às terminações verbais pelos seguintes motivos:

(a) **formam uma classe fechada de elementos.** Em outras palavras, pronomes e terminações verbais constituem um inventário restrito e limitado de formas, sendo extremamente difícil ampliar o número de elementos que compõem esses conjuntos;

18 Iniciação aos estudos morfológicos

(b) **contrastam significados gramaticais.** Pronomes pessoais, da mesma forma que terminações verbais, levam a distinções de número (o/os; lhe/lhes), de pessoa (me/se; nos/vos) e de caso (me/mim; te/ti);

(c) **ocorrem adjacentes aos verbos.** Pronomes oblíquos aparecem sempre contíguos aos hospedeiros de que dependem, não havendo possibilidade de intercalação de outros vocábulos, a exemplo do que ocorre com as demais formas dependentes do português. De fato, é possível separar o artigo 'o' do substantivo 'livro' ('o grande livro' e 'o leve e interessante livro'), o que não acontece com os pronomes oblíquos, que nunca podem se separar do verbo ('*se perfeitamente encontra', '*encontrou rapidamente se', '*ele me muito magoou').

No quadro em (08), a seguir, exemplifica-se o comportamento dos pronomes de 1ª pessoa. Observe-se que há distribuição de formas a depender do número e do caso. Anteriormente, frisamos que a categoria caso é flexional por ser reflexo de vínculos sintáticos entre constituintes de uma sentença. Como se vê em (08), a forma do pronome varia conforme o caso, sendo, portanto, imposta pela sintaxe. Resulta, daí, a agramaticalidade de construções como '*mim machucou o joelho', '*João deu o livro a me' e '*ele encontrou mim no pátio'.

(08)

Função	Número	1ª pessoa
Sujeito	sing.	eu
	pl.	nós
Objeto direto	sing.	me
	pl.	nos
Objeto indireto	sing.	mim
	pl.	nós

Para Anderson (1997: 9), clíticos não são itens lexicais, mas traços flexionais de constituintes da sentença, mais especificamente de sns. No caso dos clíticos pronominais em (08), são as propriedades configuracionais (regência) que levam à distribuição entre 'eu', 'me' e 'mim', refletindo o fato de tais formas serem acessadas, nessa ordem, para exercer a função de sujeito (nominativo), objeto direto (acusativo) e objeto indireto (dativo).

Apesar das inúmeras semelhanças entre clíticos e flexões, há uma diferença crucial entre eles: clíticos equivalem a vocábulos formais em português (Mattoso Câmara Jr., 1970). Dito de outra maneira, clíticos são formas soltas, não funcionando, desse modo, como peças que compõem a estrutura morfológica do verbo.

Embora formem, com seu hospedeiro, uma única palavra fonológica, clíticos apresentam mobilidade posicional. Ao contrário das flexões, clíticos não têm posição rigidamente fixa em relação ao verbo e, por isso mesmo, podem vir antes ('Beltrano <u>se</u> encontrou com 'Fulano'), depois ('Beltrano encontrou-<u>se</u> com Fulano') ou no interior da forma de que dependem ('Beltrano encontrar-<u>se</u>-ia com Fulano'), classificando-se, assim, como proclíticos, enclíticos e mesoclíticos. Essa maleabilidade na ordem faz do clítico uma partícula estruturalmente independente do verbo, mas submissa a ele no que diz respeito ao acento.

Pelo critério **relevância sintática**, tendemos a considerar que clíticos são entidades flexionais, dada sua manipulação pela sintaxe. Como não são formas presas, pela possibilidade de intercalação ou de disjunção (Monteiro, 1987: 13), clíticos constituem unidades sintáticas mínimas (Carstairs-McCarthy, 1992) e, por isso mesmo, devem ser interpretados como palavras.

Se levarmos o critério (i) às últimas consequências, clíticos serão agrupados junto a afixos como -*mos* (que expressa número e pessoa), sendo considerados flexões por sua acessibilidade à sintaxe. Essa postura não seria problemática se os clíticos não fossem formas soltas, que se diferenciam, portanto, de todas as demais entidades flexionais do português, que só se comportam como formas presas e não apresentam mobilidade posicional, figurando sempre no mesmo ponto da cadeia sintagmática.

Resumindo, são dois os empecilhos desse primeiro critério empírico: (a) clíticos são relevantes sintaticamente, mas, por serem formas soltas, diferem de todas as flexões do português e (b) vogais temáticas não são relevantes sintaticamente, mas devem ser consideradas flexões, dado seu importante papel na manifestação de afixos relevantes para a sintaxe.

Nos dois casos, o parâmetro (i) – apesar do incontestável potencial de preditividade – não se mostra inteiramente adequado, pois exclui do âmbito da flexão exatamente o que é considerado "morfologia pura" (Aronoff, 1994) e esbarra no problema das fronteiras entre palavras e afixos. Além disso, Katamba (1990: 125) ressalta que a **relevância sintática** nem sempre distingue de modo eficaz o tipo de operação morfológica *simplesmente porque há situações* *em que a boa formação sintática requer a pré-seleção de uma forma com afixo derivacional.* Tal fato nos leva a questionar, por exemplo, se a presença de determinados sufixos ditos derivacionais, como o *-mente* formador de advérbios a partir de adjetivos, não seria, até certo ponto, obrigatória em determinadas construções sintáticas. É necessário, portanto, recorrer a outro aspecto diferenciador, o que será feito no próximo item.

Meios de materialização

Recorrendo à noção de univocidade, segundo a qual há relação de um-para-um entre unidades de expressão e unidades de conteúdo, é possível chegar à seguinte afirmação, que corresponde ao segundo critério empírico utilizado para distinguir flexão de derivação:

(ii) Um afixo é flexional se o significado que veicula manifesta-se apenas morfologicamente. Quando há concorrência de estratégias para exteriorizar determinado conteúdo, o afixo deve ser analisado como derivacional.

De um modo geral, o critério em (ii) também alude à obrigatoriedade e, por isso, relaciona-se diretamente com o parâmetro definido em (i). No entanto, essa obrigatoriedade não deve ser analisada do ponto de vista sintático, pois não se faz qualquer referência *a um lugar na cadeia sintagmática que motive o uso de determinadas marcas morfológicas* (Bybee, 1985: 17).

Pelo critério estabelecido em (ii), o qual denominamos **meios de materialização**, a flexão seria uma espécie de "morfologia aprisionadora", nos termos de Gonçalves (2001), uma vez que constitui veículo único na exteriorização de determinados conteúdos. A derivação, ao contrário, por operar com significados atualizados por outra forma de expressão que não a morfológica, pode ser vista como "morfologia libertária", ainda nas palavras de Gonçalves (2001).

Utilizando os critérios empíricos **relevância sintática** e **meios de materialização**, podemos entender melhor a célebre dicotomia proposta pelo gramático latino Varrão, que, antes mesmo da era cristã (séc. I a.C.), já diferenciava a *declinatio naturalis* da *declinatio voluntaria*. A derivação constitui a *declinatio voluntaria* por não funcionar como camisa de força para o falante, que, livre de imposições sintáticas, pode ou não optar pelo emprego de afixos para veicular o conteúdo que pretende transmitir ao(s) seu(s) interlocutor(es). No caso da flexão, a *declinatio naturalis*, não há livre-arbítrio: as marcas morfológicas independem da vontade do falante, pois são acionadas – naturalmente – por fatores sintáticos e não apresentam concorrentes potenciais.

Se, por um lado, os critérios ora descritos frequentemente se sobrepõem, uma vez que conteúdos sintaticamente relevantes tendem a ser veiculados por marcas morfológicas que não rivalizam com outras formas de expressão, por outro, podem levar a agrupamentos contraditórios. Vejamos, em primeiro lugar, casos em que os dois parâmetros convergem para um mesmo diagnóstico acerca do estatuto morfológico de afixos do português.

O critério **meios de materialização** nos autoriza afirmar que o sufixo *-íssimo* é de natureza derivacional, pois o conteúdo que veicula, "intensidade", não se manifesta somente por esse afixo. Em português, vários formativos expressam esse significado e, por isso mesmo, o falante não precisa recorrer a *-íssimo* para intensificar um adjetivo como 'linda', por exemplo: pode utilizar prefixos ('super-linda', 'hiper-linda', 'ultra-linda') ou outros sufixos superlativos ('lindésima', 'lindinha', 'lindona', 'lindérrima' ou mesmo 'linderérrima'). Como se vê, a opção pelo sufixo *-íssimo* depende exclusivamente do falante, uma vez que, na língua, (a) há outros afixos que remetem ao conteúdo expresso por *-íssimo* e (b) não há contexto sintático que determine seu uso.

A existência de prefixos e sufixos superlativos pode sugerir, em princípio, que a intensificação, ainda que veiculada por vários afixos, tem expressão morfológica em português e, portanto, a morfologia seria soberana na manifestação desse conteúdo. No entanto, há estratégias fonológicas e sintáticas que concorrem com as morfológicas para intensificar um adjetivo como 'linda' (Gonçalves, 2002), o que evidencia em (a) a opcionalidade da afixação e, consequentemente, em (b) o caráter derivacional de prefixos e sufixos superlativos.

De fato, pode-se expressar intensidade por meio de estratégias linguísticas bem variadas. Por exemplo, alongamentos excessivos na sílaba tônica do termo que se quer enfatizar podem levar à expressão da intensidade (09), da mesma forma que sua escansão em sílabas (10). Nos dois casos, tem-se o uso de estratégias fonológicas para expressar o mesmo conteúdo que, em princípio, poderia ser materializado com o acréscimo de sufixos como *-íssimo*, *-ésimo* ou *-érrimo*. Os exemplos em (11) e (12), a seguir, evidenciam que o falante também pode lançar mão de estratégias sintáticas para intensificar o adjetivo 'linda'. No primeiro caso, a intensificação é assegurada pela presença de um advérbio

22 Iniciação aos estudos morfológicos

('muito', 'demais', 'imensamente', 'pacas'); no segundo, faz-se uso de uma símile (comparação), engatilhada pelo conectivo 'como'.

(09) Beltrano agora é papai de uma menina *liiiiiiiiinda*!

(10) Achei a blusa que Sicrana comprou *lin-da*!

(11) A filha do Fulano é *muito* linda/linda *demais/imensamente* linda/linda *pacas*.

(12) A filha da Beltrana é linda *como um bebê de revista*.

Em suma, se o falante pode se valer de estratégias variadas para expressar o significado de *-íssimo*, esse afixo não deve ser considerado flexional pelo critério empírico (ii), uma vez que a morfologia não é o único meio de manifestação de seu conteúdo. O mesmo raciocínio é válido para o sufixo de 'pereira' e para o prefixo de 'refazer', cujos significados – "árvore que produz x" e "x novamente/de novo" – podem ser expressos sintaticamente, como se vê em (13) e (14), nessa ordem:

(13) Deixei a mochila perto daquela *per**eira***
Deixei a mochila perto daquela ⌠ *árvore que dá pera*
daquele ⌡ *pé de pera*

(14) O professor pediu para Fulano *re**fazer*** o trabalho
O professor pediu para Fulano *fazer* o trabalho ⌠ *novamente*
⦃ *de novo*
⌡ *outra vez*

Diferente acontece com o conteúdo "presente do indicativo – 1ª pessoa do singular". Nesse caso, será acionada a marca *-o* todas as vezes que houver necessidade de expressar essa pessoa gramatical no tempo em questão. Não há, na língua, outro modo de veicular essa noção e, por isso, a morfologia é soberana na tarefa de materializar tal conteúdo. Semelhante fato acontece com a ideia de plural: não há como escapar do uso de marcas morfológicas para exteriorizar essa noção, pois não existe concorrência de estratégias (Piza, 2001). O significado "plural" se manifesta exclusivamente pelo acréscimo do sufixo *-s* (ou de suas variantes), não havendo, em português, outras estratégias – sintáticas, fonológicas ou mesmo morfológicas[5] – que possam concorrer com a adjunção do afixo. Dessa maneira, tanto a marca de 1ª pessoa do presente quanto a de número devem ser analisadas como flexionais pelo critério empírico (ii).

Em todos os casos comentados, os critérios (i) e (ii) conduzem a agrupamentos idênticos e, portanto, caracterizam da mesma maneira os afixos até então analisados. De fato, o número e a pessoa, que constituem informações relevantes sintaticamente, apresentam manifestação exclusivamente morfológica, enquanto a intensidade, que não é acessível à sintaxe, admite variadas formas de expressão. Em outras palavras, o critério **meios de materialização** tende a ratificar o diagnóstico do parâmetro **relevância sintática**, fortalecendo-o ainda mais: categorias flexionais, além de manipuladas nas operações sintáticas, costumam apresentar uma única forma de manifestação na língua – a morfológica.

Apesar de produtivo, o parâmetro não está isento de problemas. De acordo com esse critério, não há possibilidade de variação formal para expressar as categorias gramaticais, uma vez que a marca morfológica não pode ser substituída sem que se altere toda a construção. Há casos, no entanto, que evidenciam não serem os critérios **relevância sintática** e **meios de materialização** plenamente coerentes, pois afixos relevantes para a sintaxe podem rivalizar com outras estratégias de manifestação e ser substituídos sem grandes alterações na estruturação sintática. Analisemos um caso.

Por ser uma dimensão obrigatória para a classe dos verbos, o tempo é considerado categoria gramatical em português. Como propriedades inerentes da palavra morfossintática (Anderson, 1982), as marcas morfológicas de tempo caracterizam-se como flexionais pelo parâmetro **relevância sintática**. O critério **meios de materialização**, no entanto, pode conduzir a uma categorização diferente. Vejamos a situação do futuro do presente. Para expressar essa informação gramatical, formas simples ('andarei' e 'venderei') alternam com perifrásticas ('vou andar' e 'irei vender') ou mesmo com advérbios de tempo ('ando amanhã' e 'vendo mais tarde'). Como se vê, há liberdade de escolha e, por isso, o falante não é necessariamente obrigado a usar as desinências de futuro (-*ra* e -*re*), o que nos levaria a caracterizá-las como derivacionais pelo critério (ii).

Exemplos como esses demonstram que a *declinatio naturalis* não é tão natural quanto parece. Ao que tudo indica, a naturalidade da flexão se mostra mais saliente nas categorias morfossintáticas realizadas por propriedades de concordância, como número e pessoa. No caso das propriedades inerentes, como tempo e aspecto, que não são *impostas pela posição estrutural ocupada pela palavra, nem pelas propriedades de outras palavras na estrutura* (Anderson, 1982: 172), a seleção das marcas morfológicas pode depender da vontade do falante e apresentar concorrentes potenciais. Nesses casos, o *status* flexional pode ser posto em xeque, em decorrência da não obrigatoriedade. Com efeito, o critério empírico (ii) nem sempre é consistente com o critério (i). Se, por um lado, reforça a previsão do primeiro parâmetro, por outro, pelo menos relativiza seu poder preditivo.

Como determinados afixos são considerados flexionais pelo critério **relevância sintática** e derivacionais pelo critério **meios de materialização**, há necessidade de verificar a atuação de outros aspectos diferenciadores. Partindo do pressuposto de que o impasse criado pelos dois primeiros parâmetros pode ser resolvido, tentemos solucionar a questão, observando, a seguir, a aplicabilidade das duas morfologias.

Aplicabilidade

O critério empírico (iii) faz referência à aplicabilidade das operações morfológicas e pode ser descrito nos seguintes termos:

(iii) A flexão é mais aplicável que a derivação, na medida em que estrutura paradigmas mais regulares e sistemáticos. As marcas flexionais são de uso automático e as derivacionais de uso esporádico.

Ao critério (iii), subjaz a ideia de que os paradigmas da flexão apresentam comportamento bastante diferente dos paradigmas da derivação.[6] Vistos como grupamentos de formas com uma base comum (Bybee, 1985), paradigmas apresentam estruturação interna e, por isso, estabelecem um conjunto de relações possíveis entre membros de determinada classe morfossintática. Por exemplo, nomes referentes a seres animados geralmente apresentam quatro formas: masculino singular, feminino singular, masculino plural e feminino plural (15). Verbos regulares podem formar paradigmas que abriguem mais de quarenta formas (16).

(15) menino – menina – meninos – meninas

(16) cantar – canto – cantou – cantava – cantássemos – cantarás – cantando – cantes – cantem – cantarão – cantei – cantamos – cantasses – cantado – cantaste – cantarei – cantavam – cantaria – cantaríamos – cantardes – cantara – cantemos (...)

Na flexão, há um paralelismo mais rígido entre as formas do paradigma, existindo, em consequência, poucos casos excepcionais ou anômalos. A derivação forma paradigmas não necessariamente coesos porque tende a apresentar restrições de aplicabilidade, ou seja, pode ser marcada pela presença de restrições lexicais arbitrárias.

Lembrando Mattoso Câmara Jr. (1970: 71), palavras derivadas *não obedecem a uma pauta sistemática e obrigatória para toda uma classe homogênea do léxico*. Em outros termos, *uma derivação pode aparecer para um dado vocábulo e faltar para um vocábulo congênere*, não constituindo *quadro regular, coerente e preciso*. Em suma, a existência de bases disponíveis não necessariamente legitima a ocorrência de formas, já que a derivação não é tão previsível quanto a flexão.

Nos paradigmas derivacionais, encontram-se numerosas células vazias (lacunas), o que não acontece nos flexionais, que tendem a ser mais padronizados: são conjuntos completos ou fechados, altamente previsíveis, com pequeno contingente de casos excepcionais. A completude dos paradigmas flexionais se explica por dois fatores, fundamentalmente: (a) o alto grau de generalidade das marcas morfológicas e (b) a coerência de seus significados.

Afixos flexionais são altamente produtivos,[7] tendo aplicabilidade quase absoluta. Os derivacionais, ao contrário, tendem a ser semiprodutivos, por não obedecer a uma sistematização obrigatória. Como lembra Katamba (1990), nenhum afixo é tão geral que afete, sem exceção, todas as bases a que poderia se adjungir. No entanto, como estamos lidando com uma questão de grau, é possível mensurar em que escala elementos morfológicos se aplicam. Vejamos como esse critério se operacionaliza na prática.

Todo verbo, por mais recente que seja na língua, admite a informação de pretérito imperfeito do indicativo, não havendo, em decorrência, restrições à sua aplicabilidade, isto é, o elemento modo-tempo-aspectual, *-va*, é adjungido a todas as formas verbais do português. Não soam estranhas formas como 'deletava', 'imeiava' e 'downloudava', apesar de os verbos terem ingresso relativamente recente e serem emprestados do inglês. Pelo critério **aplicabilidade**, portanto, podemos afirmar que o afixo de pretérito imperfeito do indicativo é de natureza flexional em português. Raciocínio semelhante pode ser encaminhado às demais formas que expressam tempo, modo e aspecto, nos verbos, e à marca de número, nos nomes.

No esquema a seguir, exemplifica-se o comportamento do neologismo 'imeiar' ("corresponder-se via e-mail") nas dimensões em que um verbo do português pode variar. Observa-se que a simples existência da forma infinitiva legitima a ocorrência (a) das formas nominais de gerúndio e particípio passado e (b) de variações em número-pessoa (NP) e modo-tempo-aspecto (MTA). As reticências indicam que a lista não é exaustiva, sendo altamente previsível a criação de outras tantas formas. Como se pode observar em (17), não há células vazias.

(17)

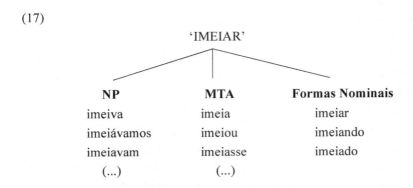

Nos processos derivacionais, muitas vezes não há preenchimento de casas vazias, predominando a idiossincrasia. Por exemplo, o prefixo *des-* pode ser anexado a bases verbais, expressando a ideia de "reversibilidade", como acontece em 'desfazer', 'descasar' e 'desmontar', entre tantos outros. O conteúdo do prefixo o impede de adquirir *status* flexional, dada a impossibilidade de aplicação a toda e qualquer base verbal. Somente um pequeno conjunto de formas é compatível com o significado desse formativo, havendo, em decorrência, restrições de aplicabilidade. Bases que expressam ações/estados irreversíveis não podem ser prefixadas por *des-*, pois há incompatibilidade semântica entre os elementos que potencialmente se combinariam. Como não há generalidade suficiente para que *des-* se aplique a muitas formas, esse afixo não pode ser considerado flexional. Em (18), os verbos da primeira coluna permitem a adjunção de *des-*; os da segunda, por expressar ações irreversíveis, não admitem a forma prefixada:

(18) entupir/desentupir   tossir/*destossir
      ligar/desligar   sonhar/*dessonhar
      enterrar/desenterrar   falar/*desfalar
      cobrir/descobrir   nascer/*desnascer
      pentear/despentear   espirrar/*desespirrar

Os dados em (18) evidenciam que a existência de células vazias não é fortuita. Uma primeira justificativa para a incompletude da derivação está na especificidade de seus significados: o conteúdo veiculado pelos afixos derivacionais não é geral o suficiente para se aplicar em larga escala.

Analisemos outro caso. Para formar nomes de agentes a partir de verbos, podemos utilizar, dentre outros, o sufixo -dor,[8] como acontece em 'trabalhador', 'vendedor' e 'ligador', esta última de ingresso bem recente na língua. Apesar de extremamente produtivo, esse sufixo não se aplica maciçamente aos dados devido ao bloqueio (Aronoff, 1976). A alta relevância da noção de agente para o conteúdo expresso nos verbos cria combinações de significado já veiculadas por uma palavra. Nos exemplos a seguir, as bases da segunda coluna apresentam condições ideais para a sufixação de -dor, mas o produto não existe – pelo menos com o significado esperado[9] – porque já há outra forma em seu lugar (as que figuram entre parênteses).

(19)
matar/matador	roubar/*roubador (ladrão)
comprar/comprador	estudar/*estudador (aluno)
ganhar/ganhador	dirigir/*dirigidor (motorista)
atirar/atirador	ensinar/*ensinador (professor)

Os dados em (19) revelam que determinados afixos encontram restrições de aplicabilidade pelo simples fato de o léxico dispor de itens que veiculam o conteúdo resultante de sua combinação com uma base. Em outras palavras, a noção que poderia ser expressa morfologicamente já se encontra lexicalmente representada na língua. Por exemplo, não há necessidade de se criar a forma 'roubador' para expressar "aquele que rouba", já que o léxico do português apresenta a palavra 'ladrão' com esse mesmo significado.

Como se vê, a não aplicabilidade absoluta dos afixos derivacionais se justifica por questões de natureza variada. Em alguns processos, no entanto, a falta de aplicação aparentemente não tem causa. Vejamos um exemplo.

O sufixo -udo é utilizado para expressar intensidade pejorativa e pode ser anexado a substantivos que fazem referência a partes do corpo humano, veiculando o significado "avantajado de", como ocorre com as palavras da primeira coluna de (20), a seguir. No entanto, nem todos os substantivos que denotam o corpo visível são uniformemente sufixados por -udo. As lacunas, aqui, não têm explicação aparente e, por isso, podemos dizer que os produtos

28 Iniciação aos estudos morfológicos

são possíveis, mas simplesmente não são formados, isto é, são inertes morfologicamente, nos termos de Rocha (1998).

(20) peito/peitudo   unha/*unhudo
      barriga/barrigudo   dedo/*dedudo
      beiço/beiçudo   ombro/*ombrudo
      cabelo/cabeludo   calcanhar/*calcanharudo

São absolutamente naturais os exemplos da primeira coluna de (20). Os da segunda, embora possíveis, são, no mínimo, estranhos. Por exemplo, parece incomum a referência 'calcanharudo' e 'ombrudo' à pessoa que tem o calcanhar avantajado ou o ombro grande demais. As palavras à direita, apesar de potencializadas pelo padrão geral de formação de nomes em -*udo*, não têm uso generalizado na língua, não havendo, em princípio, qualquer justificativa propriamente linguística para isso: elas são virtualmente possíveis, mas inertes morfologicamente.

O critério empírico (iii) mostra-se pertinente do ponto de vista metodológico e permite estabelecer interessantes generalizações acerca do *status* flexional/derivacional de determinados afixos. Em todos os casos examinados, esse parâmetro corrobora os demais. Por exemplo, o sufixo -*udo* é considerado derivacional não só porque apresenta restrições de aplicabilidade (critério iii), mas também porque não é sintaticamente relevante (critério i) e porque seu conteúdo pode ser veiculado por outras formas de expressão (critério ii). Radicalmente diferente de -*udo*, -*i*, marca de 1ª pessoa do singular do perfeito do indicativo, é considerado flexional por ser manipulado pela sintaxe (parâmetro i), por não ser passível de substituição (parâmetro ii) e por apresentar alto grau de produtividade (parâmetro iii).

A **aplicabilidade**, contudo, nem sempre é consistente com os demais critérios, podendo levar a outro veredicto acerca do estatuto morfológico de determinados afixos. Por um lado, há elementos morfológicos extremamente produtivos que são derivacionais por outros critérios e que, por isso, tendem a ser vistos como flexionais. Por outro lado, afixos analisáveis como flexionais pelos demais critérios acabam se comportando como derivacionais, pois deixam células vazias (isto é, apresentam restrições de aplicabilidade). Ilustremos cada caso.

A formação de advérbios a partir de adjetivos constitui processo bastante regular em português e, de um modo geral, membros da classe adjetivo tendem a receber o sufixo -*mente*. As poucas exceções, como 'bom' e 'mau', que não apresentam correspondente em -*mente* (cf. *boamente e *mamente), podem ser analisadas pelo supletivismo.[10] Se aceitarmos essa interpretação, 'bem' e 'mal' seriam formas supletivas de 'bom' e 'mau', da mesma forma que 'é', 'sou' e 'fui' são tomadas com raízes supletivas do verbo 'ser'.

Como há poucas restrições à aplicabilidade de -*mente* (por exemplo, adjetivos pátrios e designativos de cores), tendemos a considerá-lo flexional pelo critério (iii). O alto grau de generalidade desse formativo faz com que se anexe a uma grande variedade de bases (Spanó, 1999),[11] o que torna sua aplicabilidade, até certo ponto, comparável à de afixos como -*mos* (de 1ª pessoa do plural) e -*ria* (de futuro do pretérito), formas também consideradas flexionais pelo parâmetro **aplicabilidade**.

A gradação dimensiva também constitui processo altamente produtivo em português. De fato, é possível adicionar -*(z)inho* a praticamente todos os nomes da língua. De acordo com Piza (2001), esse sufixo tem aplicabilidade tão grande que pode até extrapolar os limites categoriais da base, anexando-se a pronomes, advérbios, numerais e interjeições, como se pode ver em (21), a seguir, nesta ordem. Como praticamente não existem lacunas, -*(z)inho* pode ser considerado flexional pelo critério (iii), contrariando, portanto, o diagnóstico feito pelos parâmetros (i) e (ii).

(21)	euzinho	pertinho	cenzinho	até loguinho
	elazinha	devagarinho	duzentinho	tchauzinho
	vocêzinho	nunquinha	trezinho	adeusinho

O outro lado da moeda é a defectividade. Paradigmas defectivos são caracterizados pela falta de uma ou mais formas, isto é, pela existência de células vazias. Os *pluralia tantum*, como 'exéquias', 'pêsames', 'parabéns' e 'óculos', formam um grupo de palavras sem singular mórfico correspondente, uma vez que se referem, nas palavras de Mattoso Câmara Jr. (1970: 82-3), a *um contínuo de atos vistos, linguisticamente, apenas em globo*, sem decomposição *de uma série de partes componentes*. Se levarmos às últimas consequências o critério da aplicabilidade, somos forçados a afirmar que o número não é tão flexional quanto parece, uma vez que apresenta falhas no paradigma: algumas palavras da língua não admitem a oposição singular/plural.

A defectividade apresenta-se ainda mais proeminente nos paradigmas verbais. Certos verbos, como 'trovejar', 'chover' e 'florescer', não admitem marcas variadas de número e pessoa, sendo a defectividade explicada pelos seus próprios significados. Vimos, mais acima, que um dos fatores responsáveis pela incompletude da derivação é a falta de compatibilidade entre o significado da base e o do afixo. Um verbo como 'trovejar', por expressar fenômeno meteorológico, só é empregado na terceira pessoa do singular. No esquema a seguir, em (22), o pretérito perfeito do indicativo ilustra o comportamento dos demais tempos e modos, "x" representa ausência de variações formais e "?" questiona a aceitabilidade das formas, que só seriam possíveis em sentido figurado. Observe-se que apenas uma das seis casas da dimensão número/pessoa é preenchida:

(22)

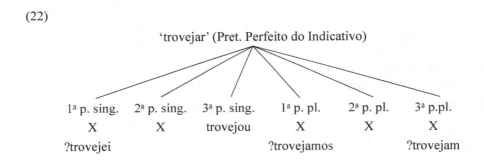

A defectividade ilustrada em (22) se justifica pelo mesmo fator que determina a incompletude dos paradigmas derivacionais: a incompatibilidade semântica. Como tais verbos expressam um fenômeno natural, seu significado não é compatível com o de marcas morfológicas que pressupõem um sujeito. Dessa maneira, afixos de número/pessoa apresentam restrições de aplicabilidade e, por isso, distanciam-se do que vem a ser estipulado como flexional pelo critério empírico (iii).

O parâmetro examinado neste item, "Aplicabilidade", faz previsões conflitantes em relação aos dois primeiros, infirmando algumas das projeções obtidas anteriormente. É necessário, portanto, recorrer a outro critério. Tentemos diferenciar a flexão da derivação a partir da natureza de seus significados, o que é feito a seguir.

Estabilidade semântica

O critério empírico expresso em (iv) avalia os significados dos afixos e propõe haver diferenças entre flexão e derivação a partir da (im)possibilidade de extensões semânticas:

> (iv) A flexão é semanticamente mais regular que a derivação. Dito de outra maneira, há coerência semântica nas operações flexionais, o que pode não acontecer nas derivacionais.

O critério (iv) analisa o conteúdo dos elementos morfológicos e faz uma interessante previsão a respeito dos afixos flexionais: eles não admitem variabilidade semântica, isto é, levam sempre ao mesmo significado. Os derivacionais, ao contrário, não se mostram tão coerentes do ponto de vista semântico, pois seus significados podem variar de uma palavra para outra.

De acordo com (iv), os afixos flexionais veiculam significados precisos e uniformes. Os derivacionais, diferentemente, veiculam conteúdos mais difíceis de precisar e quase sempre são caracterizados por desvios de significação em determinadas formas. Testemos o poder preditivo do parâmetro (iv), analisando alguns exemplos.

O sufixo *-va* tem sempre o mesmo efeito em todas as formas verbais a que se anexa: expressa *a certeza de um processo inconcluso, ou imperfeito, realizado num tempo anterior ao presente* (Mattoso Câmara Jr., 1970: 90). Em outras palavras, esse significado é sempre o mesmo, independentemente da especificidade semântica das bases. Também *-mos* apresenta significado – "primeira pessoa do plural" – previsível em todas as construções morfológicas em que aparece. Por veicularem conteúdos regulares, *-va* e *-mos* devem ser analisados como flexionais pelo critério (iv).

Se é relativamente fácil precisar o conteúdo de *-va* e *-mos*, o mesmo não acontece com o sufixo *-vel*. Em uma de suas aplicações (Rodrigues, 1993), esse afixo forma adjetivos a partir de verbos, como 'comível', 'bebível' e 'paquerável', entre outros.[12] Não constitui tarefa simples estabelecer o significado de *-vel* e, por isso mesmo, é difícil responder a seguinte questão: qual é, de fato, o efeito semântico desse sufixo nas formas verbais a que se anexa? Procuremos resposta nos dados em (23), a seguir:

32 Iniciação aos estudos morfológicos

(23)

gostável	praticável
adorável	degustável
beijável	namorável
fazível	fotografável
elegível	cheirável

A partir de (23), poderíamos sugerir que a função do sufixo *-vel* seja caracterizar algo ou alguém como paciente potencial em relação ao verbo-base. Nesse sentido, as construções x-*vel* levariam ao significado "que pode ser x". De fato, o adjetivo 'praticável' pode ser utilizado com referência a algo que se pode praticar, da mesma forma que 'beijável' qualifica alguém como passível de se beijar. Esse significado, no entanto, parece não se adequar a formações como 'durável', 'agradável' e 'rentável', que, parafraseadas por "que x", qualificam algo ou alguém não a partir de uma possibilidade. Por exemplo, 'rentável' não é o "que pode render", mas o "que rende", como na expressão 'é um negócio altamente rentável'.

Voltemos às formas *des*-x, analisadas no item "Aplicabilidade". Vimos que o prefixo *des*- se adjunge a bases verbais veiculando a noção de "reversibilidade", como acontece em 'descasar' e 'desfazer', entre outros. Esse significado preciso, no entanto, só se manifesta quando o verbo-base é de ação. Como aponta Magela (1994: 61), em verbos de experiência psicológica ou mental, o significado "reversibilidade" não se aplica, uma vez que não seleciona um agente em sua estrutura temática. Nas formas 'desacatar', 'desobedecer' e 'descrer', *des*- é parafraseável por "deixar de x" ou "não x". Por exemplo, 'desobedecer' não constitui reversão do ato de 'obedecer'. Ao contrário, faz referência à falta de obediência, isto é, ao ato de deixar de obedecer.

Nesse contorno, elementos da derivação são naturalmente polissêmicos, ao contrário dos da flexão, que tendem à monossemia. Pelo critério (iv), *des*- e *-vel* devem ser analisados como afixos derivacionais. A polissemia das formas resultantes faz com que tais formativos se diferenciem das terminações verbais, cujos conteúdos são mais transparentes e não variam de uma palavra para outra.

Em linhas gerais, a coerência semântica do afixo está diretamente vinculada à quantidade de informação que transmite: quanto mais restrito for o significado do afixo, menor a possibilidade de desvio nas construções morfológicas de que participam. Afixos derivacionais apresentam significados mais largos, ao contrário dos flexionais, que tendem a veicular conteúdos mínimos. Como a menor quantidade de informação assegura a transparência (Stump, 1998), é natural não encontrar muitos desvios semânticos nas formas flexionadas.

O parâmetro (iv), **estabilidade semântica**, mostra-se extremamente eficaz para os afixos considerados flexionais pelo critério (i), **relevância sintática**. De fato, elementos morfológicos acessíveis à sintaxe manifestam significados precisos e há absoluta coerência semântica nas construções de que participam. No entanto, alguns afixos não relevantes para a sintaxe, por levarem sempre ao mesmo conteúdo, acabam se comportando como flexionais pelo critério empírico ora em discussão. Tal é o caso do sufixo -*mente*, cuja classificação como derivacional já foi posta em xeque pelo parâmetro (iii), **aplicabilidade**.

No item anterior, mostramos que -*mente* é bastante produtivo em português. Seu conteúdo mínimo permite (a) que qualquer membro da classe adjetivo possa ser transformado em advérbio e (b) que ele forme paradigmas regulares. De acordo com Duque (2000: 10), -*mente*, além de apresentar alta aplicabilidade, é caracterizado por uma absoluta coerência nas formas a que se acrescenta: *seu significado é sempre tão geral que sua combinação com uma base produz uma palavra com sentido altamente previsível.* Assim, levando-se em conta o critério **estabilidade semântica**, é possível analisar -*mente* como afixo flexional, reforçando-se, pois, a previsão a que se chega com o parâmetro **aplicabilidade**.

Com (iv), fortalecem-se suspeitas levantadas pelo critério empírico **aplicabilidade** e invalidam-se alguns dos diagnósticos prescritos por **relevância sintática** e **meios de materialização**. Como se vê, os critérios não convergem. Vamos aumentar ainda mais a polêmica, investigando outra propriedade frequentemente utilizada para diferenciar a flexão da derivação: a possibilidade de o falante exteriorizar pontos de vista a partir de construções morfológicas.

Efeitos expressivos

Vinculado ao critério (iv), por também fazer referência à possibilidade de alterações semânticas nas operações derivacionais, o parâmetro (v) reforça a rigidez dos significados da flexão:

(v)   A derivação pode servir como veículo para o falante exteriorizar sua impressão a respeito de algo ou alguém. A flexão, ao contrário, não se presta a esse serviço.

34 Iniciação aos estudos morfológicos

De acordo com (v), o emissor pode externar seu ponto de vista pelo uso de determinadas marcas morfológicas, o que justifica afirmar que o significado dos afixos pode se alterar pragmaticamente (em função do contexto ou da interação linguística). Pelo critério em exame, a derivação pode veicular juízos de valor e sinalizar impressões subjetivas do falante. A flexão, por operar com significados gramaticais, nunca revela o impacto pragmático do falante em relação ao enunciado, ao referente ou ao interlocutor. Em outras palavras, somente a derivação se presta à modalização apreciativa (Loures, 2000), por meio da qual o locutor imprime sua marca ao enunciado, inscrevendo-se, explícita ou implicitamente, na mensagem.

Como mostra Basilio (1987: 74), a pejoratividade é o caso por excelência do que chama de "função discursiva" dos processos de formação de palavras. Construções como 'livreco'/'timeco' e 'fofoqueiro'/'interneteiro' tendem a ser utilizadas para avaliar negativamente algo/alguém que o falante tem a intenção de depreciar. A ideia de dimensão não se manifesta no primeiro par: -*eco* externaliza uma opinião sobre o livro e o time, considerados ruins ou de má qualidade. No segundo par, o uso de -*eiro* também imprime pejoratividade às formações, haja vista ser considerada excessiva a frequência com que se pratica a atividade especificada na base (Marinho, 2004). Pelo critério (v), portanto, -*eco* e -*eiro* seriam afixos derivacionais por externar uma impressão negativa do emissor acerca de algo/alguém.

Avaliações positivas também podem ser encontradas nos processos derivacionais. O significado "grande" está longe de ser atualizado em formas como 'carrão', 'casarão' e 'mulheraço'. Nesses exemplos, impressões subjetivas levam a qualificar referentes a partir de atributos como conforto, beleza e qualidade. No exemplo a seguir, a forma aumentativa não foi empregada para realçar o tamanho do automóvel, que, como se sabe, não é de grandes proporções, mas para manifestar um julgamento positivo em relação ao veículo:

(24) José comprou um Ford Ka completíssimo! Olha... é um *carrão*!

O significado de -*inho* também é determinado pelo contexto sociointeracional, haja vista que esse sufixo veicula carga emocional variada, emprestando à mensagem maior força comunicativa: pode expressar dimensão, como em (25), apreço (26), desapreço (27) ou, ainda, afeto (28).

(25) Como a flor era bem pequena, coloquei-a num *vasinho* mínimo para que ela sobressaísse.

(26) Comprei um ***carrinho*** excepcional. Além de bonito, ele corre à beça.

(27) O R. é um ***tipinho*** insuportável.

(28) ***Filhinho***, vê se come logo a ***comidinha***.

O dimensionamento operado por -*inho* não é absoluto, pois esse sufixo, nas palavras de Rio-Torto (1993: 104), *tende a realçar semas quantitativos e/ ou qualitativos em função dos padrões individuais e subjetivos do falante*. Os exemplos (25-28) mostram que -*inho* admite usos bastante variados e só contextualmente podemos depreender (a) o significado desse sufixo e, em consequência, (b) a real intenção do falante.

Pelo critério (v), **efeitos expressivos**, os afixos chamados dimensivos (Rocha Lima, 1975) devem ser caracterizados como derivacionais. A infinidade de matizes afetivos é indício de que formações aumentativas e diminutivas devem ser sempre analisadas em relação a um contexto. Dependentes da situação comunicativa, os significados dos afixos de grau são, nas palavras de Levinson (1983: 23), *negociáveis na transação conversacional*. É tão grande a expressividade dos sufixos -*ão* e -*inho* que, se usados na acepção dimensiva, quase sempre vêm acompanhados de adjetivos ou de outras partículas que indiquem grandeza/pequenez. Tal é o caso do exemplo em (29). Observe-se que a ideia de tamanho é acentuada pela locução adverbial 'tão pequeno', sem a qual a forma 'livrinho' poderia ser interpretada como pejorativa.

(29) Finalmente comprei o ***livrinho*** que o professor recomendou. É tão pequeno que cabe no bolso da minha camisa.

Afixos de grau (aumentativos, diminutivos e superlativos) apresentam função atitudinal e, por isso, tendem a atuar na interface morfologia-pragmática (Dressler & Kiefer, 1993; Kiefer, 1998). A gradação é relevante pragmaticamente porque dimensão e intensidade são valores subjetivos que necessariamente envolvem avaliações/julgamentos por parte do falante.

Levando em conta o critério (v), é possível afirmar que o uso de afixos derivacionais pode ser condicionado (a) pelo nível de envolvimento entre o falante e o ouvinte; (b) pelos propósitos comunicativos do emissor frente à audiência; e (c) pelo grau de formalidade do discurso. Tais condicionamentos podem favorecer a proliferação de determinadas formas e interditar a criação de outras. Logo, a derivação se submete às condições de produção, nos termos de Basilio (1990: 3), uma vez que *depende de fatores de ordem pragmática, discursiva e paradigmática.*

Com produtividade plena e significado transparente (critérios iii e iv), afixos flexionais não têm uso limitado pelas condições de produção. De fato, não há contexto situacional que iniba ou interdite a anexação do *-s* de plural ou do *-ria* de futuro do pretérito. Além disso, não há qualquer intenção avaliativa – seja ela positiva ou negativa – quando o falante acrescenta esses elementos morfológicos à determinada base. Em outras palavras, *-s* e *-ria* não veiculam *significado pragmático* (Kiefer, 1998), são sempre usados para expressar as propriedades morfossintáticas plural e futuro do pretérito, respectivamente. Como não servem de veículo para o falante exteriorizar sua impressão a respeito de algo ou alguém, *-s* e *-ria* devem ser considerados flexionais pelo parâmetro analisado neste item.

O critério empírico **efeitos expressivos** constitui importante ferramenta para a checagem do *status* morfológico de afixos, uma vez que ratifica a grande maioria das previsões anteriormente apresentadas. No entanto, há casos que nos fazem questionar a eficácia desse parâmetro, uma vez que a estrutura de palavras flexionadas pode ser tomada como indício da situação do discurso e/ou do evento do discurso.

De acordo com Kiefer (1998), a escolha de uma forma flexionada, em detrimento de outra, pode ser pragmaticamente condicionada. No húngaro, por exemplo, imperativos se manifestam pelo acréscimo do sufixo *-d* ('mond-d', "diga") ou de sua variante *-jad* ('mond-jad', "diga"). Nas palavras de Kiefer (1998: 274), *a forma mais curta é tipicamente usada para emitir uma ordem mais forte, enquanto a mais longa é proferida quando o falante quer emitir uma ordem mais atenuada.* Dessa maneira, as variantes de imperativo em húngaro são indicadoras do evento do discurso e dão mostras de que a estrutura de palavras flexionadas pode apresentar valores expressivos, servindo como veículo para a expressão de significados mais pragmáticos.

No caso do português, também há uma situação que relativiza o critério empírico (v): o comportamento do sufixo de feminino. Algumas formas, além de veicular a ideia de feminino, são marcadas por forte conotação depreciativa, quando comparadas às de masculino. Tal é o caso dos exemplos de (30):

(30)	vagabundo	vagabunda		safado	safada
	vadio	vadia		cachorro	cachorra
	aventureiro	aventureira		ordinário	ordinária
	pistoleiro	pistoleira		bruxo	bruxa

Embora as bases sejam predominantemente negativas, as formas de masculino são, sem dúvida alguma, menos marcadas quanto à pejoratividade. As de feminino apresentam função atitudinal, uma vez que são bem mais depreciativas. Por exemplo, 'vagabunda' não é somente o "ser do sexo feminino que não trabalha; ociosa, à toa", mas também a "mulher que tem vida fácil; prostituta". O mesmo pode ser dito em relação à 'vadia' e a quase todos os demais exemplos (a forma feminina sempre adquire conotação sexual). Interessante ressaltar o masculino pode ser neutro, como 'aventureiro', cuja acepção de dicionário é "ousado, arrojado, livre, dado a aventuras" (dicionário informal – <http://www.dicionarioinformal.com.br>). O feminino, todavia, designa, com mais frequência, "mulher dada a conquistas amorosas com fins lucrativos" (idem). Nesse caso, a acepção de 'aventura' utilizada na forma feminina é de "romance sem compromisso" (idem).[13]

Os exemplos em (30) evidenciam que juízos de valor podem estar embutidos nas formas de feminino, o que nos levaria a caracterizá-las como derivadas pelo critério empírico (v). Essa proposição contraria a ideia de que a expressão do feminino, por ser manipulada pela sintaxe, deve ser analisada com flexional. Mais uma vez, constata-se a falta de convergência entre os parâmetros, o que acentua ainda mais a dificuldade de categorizar um afixo como flexional ou como derivacional. Tentemos, pois, outro critério. Passemos, a seguir, à análise de mais um aspecto comumente adotado para diferenciar a flexão da derivação: irregularidades na forma ou no conteúdo.

Lexicalização

Em (vi), recorre-se à noção de irregularidade – de forma ou de conteúdo – para distinguir a morfologia flexional da derivacional:

(vi) Arbitrariedades formais e semânticas são constantes nos afixos derivacionais e pouco prováveis nos flexionais.

38 Iniciação aos estudos morfológicos

O critério (vi) usa a lexicalização para mostrar que a flexão é diferente da derivação e alega que esse fenômeno é muito comum nos processos derivacionais e extremamente raro nos flexionais. Como Bauer (1983: 36), empregamos o termo lexicalização em sentido lato, isto é, com referência a um fenômeno geral de petrificação – *qualquer idiossincrasia constatada nas operações morfológicas*. Essa fuga ao padrão esperado pode ser de natureza fonológica, morfológica, sintática ou semântica. Tomando por base a natureza do desvio, Bauer (1983) propõe quatro tipos de lexicalização: a categorial, a estrutural, a rizomorfêmica e a semântica.

Uma lexicalização é categorial (ou sintática) quando se observa irregularidade na categoria lexical estabelecida como *input* para um processo de formação. Com base na proposta de Basilio (1980), dizemos ocorrer lexicalização categorial quando construções morfológicas que não condizem com a especificação lexical prevista por uma Regra de Análise Estrutural (doravante RAE). Vamos a um exemplo.

O sufixo -*dor* forma nomes de agentes a partir de verbos, o que justifica propor a Regra de Formação de Palavras (RFP) a seguir, que explicita a possibilidade de se criarem novas palavras de acordo com esse modelo. A RFP formulada em (31) deve ser lida da seguinte maneira: uma base ([x]), especificada como verbo (v), transforma-se em substantivo (s) quando se acrescenta -*dor* à sua direita. A função semântica do processo é indicada entre aspas:

(31) $[X]_V \rightarrow [[X]_V \text{ dor}]_S$
      "Agente de X"

O lado direito da REP em (31) corresponde a uma RAE (Regra de Análise Estrutural) no modelo de Basilio (1980) e presta-se à análise da estrutura morfológica de construções como 'trabalhador' e 'vendedor', que seguem o padrão esperado, já que a base para a afixação de -*dor* é, de fato, um verbo. No entanto, deixa de acomodar algumas palavras. Formas como 'lenhador' e 'aviador' não se enquadram na especificação contida após a seta, uma vez que as bases não são verbos. Nesses casos, o *input* para as formações foi um substantivo ('lenha' e 'avião'), o que contraria a expectativa da RAE vinculada à RFP formulada em (31). Na proposta de Bauer (1983), 'lenhador' e 'aviador', por não se ajustarem ao padrão geral de formação de palavras em -*dor*, são vocábulos que sofrem lexicalização categorial. O mesmo fenômeno caracteriza 'feirante', cuja base também não é um verbo, como em 'atendente' e 'escrevente'.

Um segundo tipo de lexicalização é a estrutural. Nesse caso, observa-se anomalia não na categoria lexical da base, mas na estrutura do vocábulo quanto à sua constituição fonológica. A RFP (32) generaliza o fato de substantivos serem formados a partir de verbos com o acréscimo do sufixo -*ção*.

(32) $[X]_V \rightarrow [[X]_V \text{ ção}]_S$
"Ato ou efeito de X"

Com a regra apresentada em (32), espera-se que a base verbal esteja maximamente contida na representação fonológica do substantivo. De fato, nomes como 'celebração' e 'inibição' se ajustam bem a esse modelo, uma vez que o tema verbal está plenamente contido no substantivo: excetuando-se a marca de infinitivo (o -*r* final), todos os demais segmentos do verbo estão presentes no nome dele derivado.

Há formas em -*ção* que não preservam o tema da base. Em 'agressão', 'aflição', 'coação' e 'adoção', por exemplo, sílabas inteiras são suprimidas. A haplologia, processo fonológico que consiste na supressão de sequências fônicas (parcialmente) homófonas, parece ser a principal solução para resolver o problema da adjacência de formas (parcialmente) idênticas, como é visto nos exemplos em (33), a seguir, todos sufixados com -*ção*. Contrastem-se os dados da primeira coluna com os da segunda. Na primeira, as bases verbais terminadas numa sílaba cujo *onset* é /t/ – uma consoante alveolar surda – sofrem o processo, cancelando a sequência final do verbo (entre parênteses). Na segunda, ao contrário, preservam-se as sílabas finais que não apresentam consoante alveolar surda no *onset* das sílabas finais. Vejam-se os dados:

(33)	executar	execu(ta)ção	alegar	alegação
	juntar	jun(ta)ção	acusar	acusação
	rejeitar	rejei(ta)ção	ratificar	ratificação
	inventar	inven(ta)ção	inibir	inibição
	suspeitar	suspei(ta)ção	ejacular	ejaculação

Sequências fônicas podem ser canceladas pela atuação do Princípio do Contorno Obrigatório (OCP),[14] que tende a banir elementos adjacentes idênticos (ou semelhantes) – nesse caso, em fronteiras morfológicas. Os substantivos

40 Iniciação aos estudos morfológicos

da primeira coluna de (33), resultantes da atuação da haplologia, são casos típicos de lexicalização estrutural: a formação adquire feição fonológica diferente da esperada pela RAE. Pelo padrão, deveríamos ter 'agredição', com aproveitamento do tema 'agredi', mas, em função do OCP, a sílaba 'di' não aparece no substantivo.

Paralela à constatação de que palavras sofrem lexicalização estrutural é a existência de formas que resgatam sequências fônicas deletadas pela haplologia. Nos termos de Rocha (1998), essa situação evidencia o fenômeno da recuperabilidade morfológica, que vem a ser consequência direta da lexicalização estrutural. Sempre revelando novas nuances de significado, a recuperabilidade morfológica faz com que construções opacas apresentem rivais mais transparentes a partir do modelo geral de formação. É o que acontece com 'expulsação', 'suspendeção' e 'concedeção', por exemplo, em que a sequência "resgatada" permite acrescentar às formações um significado aspectual que não se manifesta nas formas fonologicamente opacas 'expulsão', 'suspensão' e 'concessão'. No exemplo a seguir, fica clara a expressão do ponto de vista do falante a respeito da ação de suspender, considerada habitual demais e, portanto, abusiva.

(34) O colégio não resolve a *suspendeção* de aulas.
      O colégio não resolve a *suspensão* de aulas.

O exemplo mencionado revela que a formação fonologicamente transparente vem marcada pela função de avaliação subjetiva (Basilio, 1987). Como se vê em (34), o rival opaco não externaliza qualquer opinião do emissor quanto ao ato de suspender. Em outras palavras, a recuperabilidade morfológica não cria um sinônimo, uma vez que a nova forma se diferencia da anterior pela expressão de pontos de vista.

Na aplicação de um processo morfológico, pode-se recorrer a uma base que não necessariamente funciona como palavra na língua. Quando isso acontece, dizemos que a lexicalização é rizomorfêmica: a operação envolve um radical preso e não uma forma livre. Em 'capilar', por exemplo, o sufixo -*ar*, formador de adjetivos a partir de substantivos, anexou-se à base presa '*capil*-' e não à forma livre 'cabelo' (*'cabelar'). Nesse caso, estamos diante do que Bauer (1983) chama de raízes *doublets*, sendo o radical preso recuperável a partir de atuação de processos morfológicos produtivos no estágio atual da língua, a exemplo da formação de adjetivos em -*ar*/-*al*. Os dados seguintes mostram que esses afixos podem acessar radicais presos. As bases de (35), entretanto, apresentam alto grau de semelhança fônica com as formas livres correspondentes:[15]

(35)	estrela	estelar	lua	lunar
	vida	vital	lei	legal
	estômago	estomacal	coroa	coronal
	mão	manual	boca	bucal

Nos exemplos em (35), temos o que Bauer (1983) chama de lexicalização rizomorfêmica, uma vez que há irregularidade nas formas de base. O mesmo tipo de desvio é encontrado em vocábulos como 'petrificar' e 'visão', nos quais a forma do radical – '*petr-*' e '*vis-*' – não correspondente à das palavras de que derivam ('pedra' e 'ver'). Pardal (1977), analisando a dicotomia flexão/derivação em português, observa que as formas derivadas, ao contrário das flexionadas, sempre mais transparentes do ponto de vista formal, tendem ser caracterizadas por um grau menor de semelhança fonológica na relação base-produto.

Resta abordar o tipo mais comum de lexicalização: o semântico. Produtos de uma operação morfológica nem sempre são interpretados pela soma dos significados de suas partes, uma vez que o acréscimo de um afixo pode levar a opacificações de sentido, em proveito da rotulação. Não é raro encontrar usos metafóricos de sufixos de grau (aumentativo ou diminutivo) para nomear seres ou eventos não por critérios objetivos, mas a partir de propriedades transferidas em termos associativos. Em muitos casos, como os listados a seguir, o sentido especial, lexicalizado, pode suplantar o tradicional, previsível. É o que ocorre com 'camisinha', cujo significado "preservativo" acabou dominando o de "camisa de proporções diminutas". Confiram-se outros exemplos em (36):

(35)	**diminutivos lexicalizados**	**aumentativos lexicalizados**
	coxinha ("salgado")	bolão ("aposta conjunta")
	folhinha ("calendário")	espigão ("edifício alto")
	raspadinha ("jogo de azar")	bundão ("otário; tolo")
	doisinho ("maconha")	sapatão ("lésbica")
	amarelinha ("jogo")	caveirão ("carro de polícia")
	sandalinha ("lésbica")	mendigão ("refrigerante ruim")
	quentinha ("refeição")	podrão ("sanduíche de carroça")

42 Iniciação aos estudos morfológicos

A lexicalização semântica faz com que um vocábulo aparentemente complexo seja analisado no todo, sem referência às partes constitutivas. Dito de outra maneira, o significado de um afixo pode não ter relevância direta na interpretação de uma palavra supostamente derivada. Nos dados em (36), os afixos de grau estão desprovidos de sua função essencial de indicar dimensões e/ou avaliações subjetivas porque não manifestam a ideia de tamanho nem são utilizados com finalidades expressivas, havendo, em consequência, perda da composicionalidade morfológica e semântica.

Embora seja mais comum nos sufixos de grau, a lexicalização semântica também é encontrada em outros tipos de afixos. Por exemplo, uma forma como 'corredor' pode ser interpretada como "aquele que corre" ou como "passagem estreita e comprida". No segundo caso, tem-se um uso lexicalizado, uma vez que -*dor* não leva ao significado de agente. O mesmo pode ser dito em relação a 'engarrafamento' que, de "ato de engarrafar", passou a significar "congestionamento de veículos". Nessa acepção, -*mento* torna a base opaca, uma vez que a noção de "pôr em garrafas" não se manifesta.

Em caráter panfletário, o critério empírico (vi), **lexicalização**, atribui à derivação o estigma de processo morfológico irregular. Dessa maneira, considera (1) que a lexicalização – seja de que tipo for – é privilégio de processos derivacionais e (2) que a flexão é imune à ação desse fenômeno. De fato, é mais comum encontrarmos arbitrariedades nas palavras derivadas, mas formas consideradas oriundas de um processo flexional também podem exibir comportamento irregular, o que nos leva a pôr em dúvida a afirmação feita em (vi). Comentemos alguns exemplos.

Desde Mattoso Câmara Jr. (1970), é consensual, entre os morfólogos que trabalham com o português, a ideia de que a expressão do grau é derivacional na língua (Kehdi, 1987; Monteiro, 1987; Sandmann, 1990). Causaria estranheza, no entanto, a afirmação de que a expressão de número também o é. Pelo critério (vi), seríamos levados a encarar dessa forma, pois o número é passível de sofrer lexicalização, como observou Piza (2001: 45-54).

No item "Aplicabiliade", frisamos que há formas de plural sem singular mórfico simplesmente porque a suposta base não tem livre curso na língua. Em (37), são listados exemplos de *pluralia tantum*, isto é, de formas pluralizadas que se *reportam a um conceito indecomponível*, isto é, a um *contínuo de atos vistos, linguisticamente, apenas em globo* (Mattoso Câmara Jr., 1970: 82):

(37)   parabéns, pêsames, exéquias, afazeres, núpcias, bodas, víveres

As palavras de (37) sofrem lexicalização rizomorfêmica, uma vez que não existem, associadas a elas, formas de singular com livre curso na língua. Se admitirmos que os dados de (37) possuem estruturação morfológica, devemos considerar que o -*s* de plural se anexou a radicais presos, apresentando, portanto, comportamento bem parecido com o de afixos nitidamente derivacionais, que, como vimos, podem se vincular a bases presas.

O critério empírico (vi) também nos levaria a repensar o *status* flexional dos afixos de tempo/modo, que também podem acessar raízes *doublets*. Nos exemplos de (38), verificamos que a seleção das diferentes raízes do verbo 'caber' é feita pelas marcas de tempo/modo. No pretérito perfeito, no mais-que-perfeito, no futuro do subjuntivo e no imperfeito do subjuntivo, a forma empregada é *coub-*, em oposição ao presente do subjuntivo e à 1ª pessoa do presente do indicativo, cuja forma de raiz é *caib-*. Nos demais tempos (imperfeito do indicativo, demais pessoas do presente do indicativo, futuro do presente e futuro do pretérito), o verbo 'caber' conjuga-se com a raiz *cab-*.

(38) **coub**emos, **coub**éramos, **coub**ermos, **coub**éssemos
      caibamos, **caib**o
      cabíamos, **cab**emos, **cab**eríamos, **cab**eremos

Como se vê, a lexicalização rizomorfêmica pode estar presente em afixos tacitamente assumidos como flexionais. Como o uso de raízes *doublets* não é privilégio de afixos tipicamente considerados derivacionais, faz-se necessário (a) relativizar o critério empírico **lexicalização** ou, na pior das hipóteses, (b) assumir que a flexão pode ser marcada por arbitrariedades formais: bases presas e raízes *doublets* também são encontradas nos paradigmas flexionais.

Caso levemos ao extremo o *slogan* de que *afixos flexionais são altamente transparentes na forma e no conteúdo*, seremos obrigados a lidar com um grande contingente de casos excepcionais e/ou anômalos. De fato, afixos avaliáveis como flexionais pelos demais critérios empíricos apresentam irregularidade tanto de forma (como os casos discutidos) quanto de conteúdo, sendo caracterizados por pelo menos dois dos quatro tipos de lexicalização propostos por Bauer (1983). No que diz respeito à marca de gênero feminino, reforçamos a proposta de Piza (2001), para quem há várias construções morfológicas em -*a* semanticamente lexicalizadas.

Não são raros exemplos na esteira de 'perua', que não necessariamente manifesta a noção de "feminino de peru": pode significar "kombi" ou "mulher

44 Iniciação aos estudos morfológicos

extravagante". As denominações para a mulher, no *funk*, revelam forte uso da lexicalização semântica, pois 'coelha' significa "adolescente que tem vários filhos". A recente formação 'preparada' evidencia que o feminino recebeu conotação negativa, uma vez que, nos bailes *funk*, faz referência à mulher que vai para o clube "sem calcinha, pronta para praticar relações sexuais" (matéria "Mulheres e *Funk*", publicada no jornal *O Dia*, em edição de 15/3/2001). Em (39), aparecem outras formas de feminino lexicalizadas:

(39) bruxa ("borboleta preta")   perseguida ("órgão genital feminino")
     porca ("rosca")   caminhoneira ("lésbica")
     negra ("revanche")   magrela ("bicicleta")
     moça ("virgem")   pelada ("jogo informal de futebol")
     sueca ("jogo de cartas")   espanhola ("posição sexual")

Mais uma vez, constata-se a dificuldade de se estabelecerem fronteiras precisas entre flexão e derivação. O critério empírico (vi) é problemático porque lida com a questão da irregularidade em termos absolutos, tornando-se, por isso, extremamente difícil de se sustentar na prática. No caso específico de (vi), a distinção entre afixos flexionais e derivacionais parece ser de grau, apenas: os primeiros tendem a ser menos atingidos pela lexicalização (em suas várias versões), enquanto os últimos apresentam-se mais vulneráveis à ação desse fenômeno. Tentemos, pois, outras propriedades distintivas. O critério (vii) explicita outra função do componente morfológico: a adequação sintática.

Mudança de classe

Na afirmação feita em (vii), a diferença entre flexão e derivação é estabelecida pela (im)possibilidade de mudança de classe:

(vii) Processos flexionais não são responsáveis por mudanças na categorização lexical da base em relação ao produto. Os derivacionais, ao contrário, podem promover alterações dessa natureza.

Na flexão, base e produto apresentam sempre a mesma especificação lexical. Logo, a flexão não muda a classe a que a palavra-base pertence. Em 'gatos' e 'linda', o acréscimo do -*s* de plural e do -*a* de feminino não promove qualquer alteração categorial, já que tanto a base quanto o produto são substantivos e adjetivos, respectivamente.

Todavia, grande parte dos afixos derivacionais do português é responsável por mudanças categoriais. Na tabela a seguir, são apresentadas, com exemplos, as alterações de classe efetuadas por sufixos de nossa língua.

(40)

V	S	V	Adj.	S	Adj.	S, Adj.	V	Adj.	Adv	Adj.	S
-ção; *-ada*		*-vel*; *-nte*		*-ense*; *-ar*		*-izar*; *-escer*		*-mente*		*-ice*; *-idade*	
inibição		gerenciável		canadense		agilizar		felizmente		esquisitice	
esticada		estafante		hospitalar		florescer		certamente		felicidade	

Observe-se, em (40), que as classes envolvidas nas operações derivacionais são apenas quatro: S (Substantivo), Adj. (Adjetivo), V (Verbo) e Adv. (Advérbio), sendo que esta última só aparece no lado direito da seta: advérbios são apenas *outputs* de processos derivacionais, uma vez que não servem de base para a formação de novas palavras.

Três questões podem ser levantadas quanto à chamada "função sintática" (Basilio, 1987) dos processos de formação de palavras: (a) operações que envolvem mudança de classe são desprovidas de função semântica?; (b) esses processos são igualmente relevantes no nível do texto?; e, principalmente, (c) a alteração categorial é mesmo a principal diferença entre flexão e derivação?

Sem dúvida alguma, os casos mais evidentes de função semântica são aqueles que não envolvem mudança de classe. Assim, é relativamente mais simples atribuir um significado para *-ista*, totalmente desprovido de função sintática, que para *-ico*, que forma adjetivos a partir de substantivos. De fato, como caracterizar, do ponto de vista semântico, formações como 'sociológico', 'enfático' e 'energético'? Parece que tais palavras são utilizadas mais para adequar a ideia contida na base a um contexto sintático que para veicular um significado.

Ao que tudo indica, há uma relação de dependência entre os critérios (iv), **estabilidade semântica**, e (vii), **mudança de classe**, haja vista que afixos responsáveis pela alteração de classes são mais difíceis de precisar semanticamente. O significado de *-ista*, em palavras como 'dentista' e 'desenhista', por exemplo, é bem mais específico que o de *-ico* ('numérico', alfabético') ou o de *-al* ('emergencial', 'providencial'). No primeiro caso,

46 Iniciação aos estudos morfológicos

nomeia-se alguém pela prática de uma atividade profissional que requer especialização ou educação formal (Gonçalves & Costa, 1998). No segundo, ao contrário, qualifica-se algo ou alguém apenas com referência ao que se especifica na base (Sandmann, 1989: 58). Em outras palavras, afixos com função sintática parecem ter significados mínimos, enquanto afixos que não mudam classe tendem a apresentar conteúdos mais abrangentes, veiculando maior quantidade de informação.

De acordo com Basilio (1987: 69), *processos derivacionais sempre apresentam função semântica, mesmo quando sua função primordial é a sintática.* De fato, a categoria sintática da palavra é parte inerente de sua representação semântica e, por isso, mudanças de classe são sempre relevantes para o significado da palavra. Se -*ico* e -*al* fossem inteiramente vazios de conteúdo, seria perfeitamente possível substituí-los por um sintagma preposicional com função adjetiva. Essa substituição nem sempre é possível sem prejuízo do significado. Confrontem-se os seguintes pares de sentença:

(41) A colocação **do clítico** altera o padrão acentual da sentença.
A colocação **clítica** altera o padrão acentual da sentença.

(42) A atuação **da polícia** deve ser sempre supervisionada.
A atuação **policial** deve ser sempre supervisionada.

Pode-se afirmar, desse modo, que há duas consequências da mudança de classe operada por afixos derivacionais: (1) a dificuldade de explicitar seu significado e (2) a saliência da função sintática sobre a semântica. Dessa maneira, o critério **estabilidade semântica** deve ser repensado à luz do parâmetro **mudança de classe**.

Processos que alteram classes têm repercussão também no nível do texto. Em outras palavras, afixos que promovem alterações categoriais são frequentemente usados com finalidades discursivas e/ou textuais. Conforme aponta Basilio (1987: 71), a formação de substantivos deverbais apresenta função sintática enquanto processo que se realiza no nível da sentença. Além disso, tem relevância na estrutura global do texto, uma vez que atua como elemento de coesão, retomando um antecedente verbal, como se vê em (43):

(43) O governo vem **constatando** irregularidades no setor agropecuário. Essa **constatação** serviu para implementar uma série de discussões sobre a atual plataforma (...).

A formação de adjetivos deverbais em -*vel* igualmente apresenta relevância no nível do texto. Nesse caso, a principal motivação vem a ser o ocultamento do sujeito (Rodrigues, 1993): com construções adjetivas não se tem o compromisso de determinar o responsável pela ação expressa pelo verbo que serviu de base à formação. O exemplo (44) confirma esse aspecto das formas x-*vel*. Observe-se que é omitido não só o sujeito, como também o tempo em que a ação se efetiva, o que permite um distanciamento maior do falante/redator em relação ao que diz/escreve.

(44) Francamente, eu considero que a dívida externa do Brasil é perfeitamente **negociável**.

Resumindo, afixos que mudam classe mostram-se relevantes também no nível do texto, uma vez que podem ser utilizados como elementos de coesão ou como estratégias de impessoalização (Rodrigues, 1993; Basilio, 2003). Dessa maneira, processos com função sintática frequentemente apresentam o que chamamos de "função textual".

Em termos de limites flexão-derivação, a mudança de classe tem sido apontada como a principal diferença entre as duas morfologias (Mathews, 1974; Pardal, 1977; Jensen, 1991; Stump, 1998). Se, por um lado, esse critério nos faz considerar -*mente* como unidade da derivação – haja vista ser responsável pela formação de um advérbio a partir de um adjetivo –, outros advogam em prol de seu *status* flexional. Parece haver, na verdade, uma relação direta entre mudança de classe e aplicabilidade. Em linhas gerais, afixos com função sintática são de uso mais geral que afixos sem função sintática (Spencer, 1993).

Processos com aplicabilidade plena permitem estabelecer previsões tão fortes quanto as que caracterizam as flexões mais prototípicas. Não seriam infundadas afirmações do tipo "todo verbo apresenta um nome correspondente" ou "todo adjetivo pode ser transformado em advérbio", o que nos levaria a considerar, pelo critério (iii), que -*ção* e -*mente* têm comportamento flexional em português. Essa hipótese, no entanto, é derrubada pelo parâmetro (vii), uma vez que esses sufixos alteram classes.

Será que a afirmação feita em (vii) é realmente decisiva na caracterização de um afixo como flexional/derivacional, como advoga a literatura? No nosso entender, há basicamente três problemas quanto à eficácia do critério empírico (vii): (a) as formas nominais do verbo, (b) lexicalizações sobre formas em princípio flexionadas e, sobretudo, (c) o nivelamento das duas morfologias.

48 Iniciação aos estudos morfológicos

Ao analisar particípios, gerúndios e infinitivos, Spencer (1993: 193) afirma que essas formas *parecem envolver mudança de classe em relação ao verbo*. No caso do português, a suspeita de Spencer (1993) ganha mais força na morfologia do particípio passado, forma caracterizada pelo que Vivas (2009) chama de instabilidade categorial. Na sentença em (45), a seguir, parece claro o fato de 'recompensado' funcionar como verbo e como adjetivo. Como verbo, é responsável pela formação da voz passiva. Como adjetivo, está sujeito às modificações que caracterizam a classe dos nomes: é perfeitamente possível variá-lo em gênero ('recompensada') e em número ('recompensados').

(45) Fulano foi **recompensado**   pelo seu gesto de heroísmo.
      Fulana foi recompensada   "
      Fulanos foram recompensados   "

Formas como 'cansado', 'afastado' e 'assegurado' são verbos flexionados no particípio ou são, na verdade, adjetivos? Formulando essa questão em outros termos, a marca morfológica de particípio é realmente flexional? Se respondermos afirmativamente a questão, teremos de redimensionar o critério empírico (vii), que proclama ser a flexão um processo que jamais altera classes. Sendo negativa, isto é, caso consideremos derivacional a marca de particípio passado, o problema torna-se ainda maior: teremos de reparar quase todos os critérios empíricos apresentados anteriormente, uma vez que a marca de particípio (1) é relevante sintaticamente, (2) não pode ser substituída sem que se altere a construção por completo, (3) é aplicável em larga escala, (4) tem significado mínimo e (5) dificilmente pode ser utilizada com finalidades expressivas.

A primeira solução, embora não seja muito desejável, é menos desastrosa que a segunda. O critério empírico (vii) se depara com um caso delicado em português: a instabilidade categorial das formas de particípio passado. No entanto, esse não é o único aspecto questionável do parâmetro em exame. Formas flexionadas que sofrem lexicalização semântica podem envolver mudança de classe. Isso ocorre, por exemplo, em alguns femininos apresentados no item precedente, como 'perseguida' e 'preparada', ambas com a morfologia de particípio em sua estrutura.

De acordo com (vii), *processo que muda classe é sempre derivacional*. Essa afirmação utiliza a função sintática para determinar o que **deve ser considerado derivacional**: uma operação que efetua alterações de natureza categorial. No entanto, não estabelece qualquer diagnóstico para processos que não mudam classe: não há, em (vii), qualquer posicionamento para afixos sem função sintática.

Ao mesmo tempo em que o critério (vii) separa as duas morfologias, também as aproxima, pois há inúmeros processos derivacionais que não têm a função sintática como primária. Por exemplo, *-ada* forma substantivos a partir de outros substantivos ('faca' > 'facada') e *-íssimo*, adjetivos a partir de outros adjetivos ('bela' > 'belíssima'). Como veremos no capítulo "Das semelhanças entre flexão e derivação", Halle (1973) utiliza esse mesmo critério para defender não as diferenças, mas as semelhanças entre a flexão e a derivação. Enfim, o parâmetro **mudança de classe** pode servir para unificar as duas morfologias, a depender da ótica assumida pelo analista. Tentemos outra diferença. Com (viii), tem-se explicitada a noção de cabeça lexical de uma construção morfológica.

Posição da cabeça lexical

Na afirmação feita em (viii), utiliza-se a noção de cabeça lexical (Selkirk, 1982; Williams, 1981) para diferenciar os processos flexionais dos derivacionais:

(viii) Sufixos derivacionais constituem o núcleo (a cabeça) de uma palavra morfologicamente complexa, enquanto os flexionais sempre se comportam como modificadores.

Em (viii), faz-se menção ao núcleo de uma construção morfologicamente complexa, isto é, uma forma linguística que apresenta mais de um formativo. Na derivação, o sufixo é a cabeça da palavra e a interpretação parte desse elemento para a base. Na flexão, ao contrário, a base é o principal constituinte e a interpretação semântica parte desse elemento para as marcas flexionais. Pelo que se afirma em (viii), podemos assumir que a cabeça lexical fica à direita quando há derivação e à esquerda quando há flexão. Vejamos como esse critério se operacionaliza na prática.

Em formas como 'maranhense' e 'bananal', as paráfrases mais apropriadas são, respectivamente, as seguintes: "nascido no estado do Maranhão" e "local onde se concentram plantações de banana". Nos dois casos, o significado do sufixo sobressai em relação ao da base, sendo colocado em primeiro plano, haja vista engatilhar a elaboração de uma paráfrase. Já em 'gata', o principal elemento significativo é a base, pois é em função do seu conteúdo que se interpreta a construção morfológica. Poder-se-ia pensar numa paráfrase do tipo "gato do sexo feminino".

Vários argumentos são trazidos à tona para comprovar o *status* nuclear do sufixo nas formações derivadas. Em primeiro lugar, são eles que determinam a categoria lexical das formas de que são constituintes. Numa palavra como 'canalização', podem ser observadas duas mudanças de classe: um substantivo concreto passa a verbo ('canal' → 'canalizar'), que, por sua vez, é transformado em substantivo abstrato ('canalizar' → 'canalização'), como pode ser visualizado no esquema (46). Essas alterações categoriais são implementadas pelos sufixos -*izar* e -*ção*, nessa ordem.

(46)

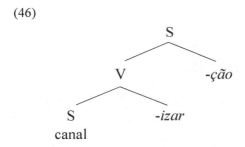

Como se vê em (46), há duas camadas sucessivas de formação: a primeira é determinada pelo acréscimo de -*izar* à base 'canal', formando-se um verbo, e a segunda é marcada pelo emprego de -*ção*, com o qual se constrói um novo substantivo. As duas alterações de classe são efetuadas pelos sufixos, que, por isso, devem ser interpretados como portadores de informação sintática (Selkirk, 1982).

Outra evidência de que sufixos derivacionais são cabeças de palavras morfologicamente complexas é a atribuição do gênero. Sufixos como -*ada* sempre formam substantivos femininos, preservando ou alterando o gênero da base, como ocorre, respectivamente, nos pares 'faca'/'facada' e 'martelo'/'martelada'. Outros, como -*al*, sempre formam nomes masculinos, sejam as bases masculinas ('coqueiro'/'coqueiral') ou não ('banana'/'bananal'). Em (47), apresentamos, com exemplos, uma pequena relação de sufixos que categoricamente formam palavras (a) femininas (primeira coluna), (b) masculinas (segunda) e (c) sem gênero inerente (última coluna):

(47)

femininos		masculinos		sem gênero inerente	
sufixo	exemplos	sufixo	exemplos	sufixo	exemplos
-ção	a abolição a cassação a interdição	-mento	o abatimento o entupimento o ferimento	-vel	o/a elegível o/a reitorável o/a
-ia	a reitoria a delegacia a secretaria	-ário	o ranário o glossário o fichário	-ista	o/a dentista o/a pianista o/a tenista
-ice	a velhice a tolice a gaiatice	-tório	o lavatório o escritório o dormitório	-nte	o/a servente o/a atendente o/a estudante

Além de contribuírem com algum tipo de informação semântica ou sintática, sufixos frequentemente atuam na manifestação do gênero, o que evidencia seu caráter nuclear nas construções morfológicas de que participam. A representação feita em (48), a seguir, ilustra o fato de -ção alterar a especificação lexical da base – que não é categorizada quanto ao gênero, por ser um verbo – e formar um substantivo sempre feminino:

(48)

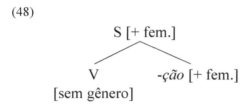

Há uma última evidência de que sufixos derivacionais são cabeças de construções lexicais: formas linguísticas opacas. Exemplos na esteira de 'manada', 'ornitólogo' e 'linguiça' parecem confirmar o *status* nuclear dos sufixos. Nesses casos, um dos elementos da construção não é transparente quanto ao significado, por ser uma base presa (nos dois primeiros exemplos) ou um elemento não recorrente (no último).

Em 'manada' e 'ornitólogo' é possível, mesmo sem saber ao certo o conteúdo da base, chegar ao significado da construção: "grupo de algo" ou "especialista em alguma atividade profissional ou científica". Por não conseguir associar as sequências fônicas iniciais a nenhuma unidade de conteúdo, o falante pode até não chegar à interpretação exata dessas formações. No entanto, capta o significado genérico por inferir, por exemplo, que 'ornitólogo' se enquadra no mesmo grupo das palavras listadas em (49), todas com bases livres e/ou reconhecíveis. Uma vez que as formas de (49) veiculam a noção de "especialista em x" e apresentam a terminação -*ólogo*, o falante atribui a 'ornitólogo' o significado genérico de "especialista em algo".

(49) museólogo   astrólogo   bacteriólogo
      oceanólogo   lexicólogo   criminólogo
      africanólogo   brasilólogo   musicólogo
      hinólogo   geólogo   sanscritólogo

Essa possibilidade de interpretação parece não acontecer com 'linguiça'. Mesmo vinculando a sequência '*ling-*' à forma com livre curso 'língua', é impossível determinar a ideia nuclear da palavra porque o elemento à direita – justamente aquele que levaria à associação dessa forma com outras de igual significado – não é transparente. 'Linguiça' é uma formação isolada e só historicamente é possível detectar alguma motivação para a presença da base 'língua' nessa palavra.

Pelo critério (viii), podemos assumir que a flexão difere da derivação em termos estruturais. Na flexão, como a cabeça lexical fica à esquerda, pois o núcleo é a base, tem-se uma estrutura do tipo DM-DT (determinado-determinante). Na derivação, ao contrário, como a cabeça fica à direita, o padrão é DM-DT. Os esquemas abaixo representam o lugar da cabeça lexical nos dois casos:

(50)

Derivação   Flexão

DT-DM   DM-DT

Em relação a (50), uma questão imediatamente se coloca: a prefixação apresenta o padrão estrutural proposto na primeira coluna, isto é, a posição do núcleo é realmente à direita? Redimensionando a pergunta, poderíamos indagar o seguinte: por que razão prefixos não são cabeças lexicais das palavras que formam?

Prefixos, da mesma forma que elementos tipicamente flexionais, constituem o modificador de uma construção morfológica. Em palavras como 'pré-vestibular', 'refazer' e 'megacomício', as bases realmente são os núcleos, uma vez que os afixos apresentam conteúdo mais adverbial ("antes de", "novamente") ou adjetivo ("grande"). Como não modificam classes nem atribuem gênero, prefixos não podem ser analisados como cabeças lexicais. Dessa maneira, o esquema proposto em (50) de fato dá conta da estrutura de palavras derivadas, pois o núcleo fica sempre à direita: é o sufixo, nas formações base + sufixo, ou a base, nas formações prefixo + base.

Por levar a agrupamentos bastante satisfatórios, o critério (viii) é de extrema relevância na determinação do tipo de operação morfológica; contudo, mostra-se inconsistente com os demais na caracterização das formas que portam sufixos de grau, pois, nesses casos, o núcleo fica à esquerda, contrariando, assim, o padrão proposto em (50).

No que diz respeito à posição da cabeça, sufixos de grau se assemelham às flexões. Diferem, nesse aspecto, de todos os demais sufixos derivacionais da língua, que sempre constituem o núcleo. Como já destacamos anteriormente, afixos de grau (dimensivo ou intensivo) não modificam classes: base e produto apresentam a mesma especificação categorial ([certo]$_{Adj.}$ → [certíssimo]$_{Adj.}$; ([gato]$_S$ → [gatinho]$_S$). Além disso, não atribuem gênero,[16] pois, ao contrário da grande maioria dos sufixos, admitem que a oposição masculino/ feminino seja efetuada por marcas morfológicas específicas ('lindinho'/'lindinha').

Em 'carrinho' e 'carrão', o elemento nuclear é de fato a base e parte dali a interpretação semântica da palavra. Poderíamos pensar numa paráfrase do tipo "carro X", em que X pode expressar tamanho ou carga emocional variada. Por tudo que se expôs, não é difícil concluir que a afirmação contida em (viii) também é problemática: faz previsão conflitante para os sufixos de grau, que, por essa análise, seriam fatalmente considerados flexionais.

Sigamos, pois, na busca por propriedades que efetivamente sirvam para diferenciar a flexão da derivação. A seguir, tentamos observar a posição dos afixos em relação à base para verificar se a ordem dos formativos remete a uma diferença substancial entre esses dois tipos de operação morfológica.

Ordem, relevância do significado e criação de vocabulário novo

Em (ix), afirma-se que a ordem dos afixos em relação à base é relevante para a distinção que nos interessa:

54 Iniciação aos estudos morfológicos

(ix)   Afixos derivacionais se localizam mais próximos da base e sempre precedem os flexionais, quando juntos na mesma palavra.

O critério empírico (ix) condiz com o Universal 28 de Greenberg (1963: 93), segundo o qual *se tanto a derivação quanto a flexão seguem a raiz, ou ambos precedem a raiz, a derivação está sempre entre a raiz e a flexão*. Vista por alguns autores como *distinção mais superficial* e, por isso, *menos importante* (Sandmann, 1990: 28), a ordem, na verdade, reflete diferentes graus de relevância dos significados flexionais e derivacionais para com a base.

A localização mais adjacente à base é fruto de níveis elevados de relevância, como detalharemos no capítulo "O *continuum* flexão-derivação". Em linhas gerais, afixos que aparecem próximos da base são mais relevantes por promoverem mudanças mais acentuadas de significado (Bybee, 1985). Em 'franceses', por exemplo, o sufixo *-es* precede a marca de plural exatamente por modificar o sentido de 'França', haja vista caracterizar não mais o país, mas o indivíduo ('francês' é um gentílico). O acréscimo do sufixo de número não traz grandes alterações de significado, não alterando por completo o referente, que continua a ser o indivíduo nascido na França (só que, nesse caso, mais de um).

Significados mais relevantes modificam substancialmente o conteúdo da base e levam à formação de uma palavra nova. Em contrapartida, significados menos relevantes não possibilitam a criação de uma diferente unidade lexical: apenas fazem com que uma mesma palavra se manifeste de formas variadas. Essa peculiaridade dos elementos morfológicos corresponde à propriedade diferencial expressa na máxima a seguir:

(x)   A derivação cria vocabulário novo, isto é, está a serviço da formação de uma nova palavra. A flexão, ao contrário, representa as diferentes formas de uma mesma palavra, não criando, por isso, vocabulário novo.

Por atualizar significados menos relevantes para a base, afixos flexionais não criam palavras. 'Cantasse', 'cantando' e 'cantei' são diferentes formas de um mesmo verbo, registrado nos dicionários sob a forma de citação 'cantar', considerada mais básica ou geral. A flexão gera as variações a que determinada classe de palavras está sujeita. Assim, 'canto', 'cantamos' e 'cantam' são, nos termos de Rosa (2000: 16), *um conjunto de formas relacionadas a diferentes sujeitos*, isto é, *a diferentes seleções de número/pessoa*.

Com a derivação, não ocorre o mesmo. 'Vender', 'vendedor', 'venda' e 'vendável' não constituem variações formais de uma mesma palavra: são itens lexicais distintos, embora relacionados porque apresentam a mesma raiz. O resultado da derivação é uma nova palavra, dada a grande relevância semântica dos afixos para o significado da base. Em (51), temos um paradigma, no sentido lato do termo (Boer, 1982), mas cada palavra abaixo do tracejado forma seu próprio paradigma, por representar o conjunto de todas as variações formais a que sua classe se submete:

(51)

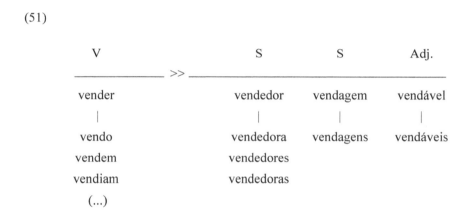

Em (51), observamos que podem ser estabelecidos, na horizontal, vários tipos de relações sintático-semânticas entre itens lexicais diferentes. Dado um verbo, é possível prever a existência de um substantivo agentivo ('vendedor'), de um nome abstrato ('vendagem') e de um adjetivo ('vendável'). Na vertical, há um conjunto organizado de formas que variam ao longo das dimensões que caracterizam uma determinada categoria lexical.

Em suma, o grau de relevância entre bases e afixos tem consequências no plano lexical: a formação de novas palavras por processos derivacionais. No plano estrutural, a relevância determina a ordem dos afixos em relação à base, como afirmamos anteriormente. Vejamos, a seguir, se os critérios (ix), **ordem**, e (x), **criação de vocabulário novo**, são realmente eficazes na tarefa de decidir se um afixo do português é flexional ou derivacional. Comecemos pela posição dos elementos morfológicos na estrutura da palavra.

Visto sob o prisma da relevância, o critério **ordem** é realmente uma importante ferramenta para separar os dois tipos de operações. Entre afixos

56 Iniciação aos estudos morfológicos

flexionais adjacentes, a posição explicita diferentes níveis de dependência se-mântica. Em (52), vemos que os elementos modo-tempo-aspectuais precedem os número-pessoais e são considerados flexionais por quase todos os critérios até aqui discutidos. A informação de número/pessoa não faz referência à situação descrita na base verbal, mas aos participantes, enquanto a informação de tempo/modo/aspecto afeta consideravelmente a ação ou o estado verbais. Dessa maneira, afixos de pessoa e número são menos relevantes para o significado do verbo e, por isso mesmo, localizam-se mais distantes da base.

(52)

tema verbal		modificações	
radical	vogal temática	tempo/modo/ aspecto	número/ pessoa
escrev	*ê*	*sse*	*mos*

O radical exemplificado em (52) pode servir de base para a formação de um novo verbo. Em contextos da baixa formalidade, é possível utilizar a forma 'escrevinhar', que manifesta um significado frequentativo e tem conotação nitidamente depreciativa. No imperfeito do subjuntivo, teríamos 'escrevinhás-semos'. Como se vê, o elemento morfológico utilizado para formar o novo verbo (o "sufixo" -*inhar*) precede as marcas de tempo/modo/aspecto e número/ pessoa. Sua alta relevância para com o significado do radical '*escrev-*' faz com que se anexe antes de -*sse* e -*mos*. Esse exemplo vem demonstrar que afixos derivacionais realmente se localizam mais próximos da base.

Nos nomes, o critério **ordem** também se revela bastante adequado, uma vez que as marcas de gênero e de número de fato completam a palavra, sendo pospostas a qualquer outro sufixo. Em 'doutoranda' e 'casamentos', por exemplo, o -*a* de feminino e o -*s* de plural estão mais distantes da raiz que os sufixos -*ndo* e -*mento*, nesta ordem. No primeiro caso, -*ndo* veicula a noção de processo e é mais relevante para o significado de 'doutor' que o elemento morfológico que expressa o feminino. O mesmo pode ser dito em relação a -*mento*, que, por alterar a categoria lexical da base, é mais relevante que -*s*. Com esses exemplos, atestam-se as previsões feitas na afirmação em (ix): a derivação precede a flexão.

Em português, o critério (ix), **ordem**, seria efetivamente adequado se não tivéssemos casos como 'humanamente' e 'pãezinhos'. Nesses dois exemplos, sufixos derivacionais foram concatenados depois dos flexionais. A flexão parece ter sido aplicada antes da formação da nova palavra e, por isso, *-mente* e *-zinho* não figuram logo após o radical. Casos como esses, que serão discutidos com mais vagar no capítulo "Das semelhanças entre flexão e derivação", conspiram contra a vitalidade da afirmação em (ix), evidenciando que a flexão pode ser mais interna que a derivação.

Relativamente oportuno para construções morfológicas com vários afixos, o critério empírico (ix) também deixa a desejar quando palavras constituem-se de base e apenas um afixo. Nesses casos, como determinar a proximidade? Esse critério parece mais pertinente para afixos que **coocorrem**, pois, de fato, os mais relevantes tendem a preceder os menos relevantes. No caso de afixos que **concorrem**, como *-mente* e *-idade*, o critério da ordem não se mostra adequado, pois tais formativos ficam estruturalmente mais distanciados das bases, como as flexões. Em outras palavras, é difícil operar com a noção de proximidade quando estamos diante de formações estruturalmente mais simples.

Tentemos resolver a questão das diferenças com base na alegação de que *a flexão não cria vocabulário novo por representar as diferentes formas de uma mesma palavra* (Bochner, 1992: 417). A literatura sobre o português corrobora essa afirmação, considerando que a flexão se apresenta *como um processo morfológico de articulação de desinências indicadoras das categorias gramaticais do nome e do verbo, sob a forma de afixos, para adaptar um item lexical a um contexto* (Colnaghi, 2006: 48). Estabelecer os limites entre o que constitui palavra nova ou uma mesma palavra apenas modificada para expressar categorias gramaticais nos parece uma tarefa delicada.

A afirmação feita em (x) deve ser pelo menos relativizada, já que formas ditas flexionadas com lexicalização semântica são de fato palavras novas, que experimentam, muitas vezes, outra categorização lexical. É o que acontece com as formas verbais em (53), todas com mudança de classe e significação diferente, e com as formas de feminino em (54), igualmente lexicalizadas semântica e categorialmente:

(53) Achei sua blusa muito **cheguei**.
    Tomara que eu me saia bem nesse exame. **Quisera** eu passar.
    Beltrano não conseguiu passar. Também **pudera**... Não estudou.
    Valeu pela força. Nem sei como te agradecer!
    Vamos à festa da Sicrana hoje? **Demorou**.
    Tudo bem? **Fala**, Carlos!

58 Iniciação aos estudos morfológicos

(54) As **preparadas** geralmente chegam ao baile mais tarde.
Mais tarde, vamos jogar uma **pelada**?
Uma **grega** entre os azulejos dá um acabamento melhor.
A filha da vizinha ainda é **moça** com 27 anos.
Fulana está com inflamação na **perseguida**.

Retomando Sandmann (1989: 31), a classificação de uma palavra como unidade autônoma ou variação formal de um lexema *às vezes é difícil mesmo para o técnico*. A esse propósito, Basilio (1987: 12) levanta o seguinte questionamento: *devemos considerar, digamos,* perdido *como uma forma verbal de* perder *ou como uma outra palavra?* Sandmann (1989: 31) observa que a questão é complicada para o lexicógrafo e aponta algumas contradições na listagem de importantes dicionários de língua portuguesa:

> O Aurélio traz, por exemplo, como verbetes distintos do verbo, *folgado, apaixonado, cansado, lido,* e diz, imediatamente após o verbete, entre parênteses, que são particípios passados dos verbos *folgar, apaixonar, cansar* e *ler* e em seguida os classifica como adjetivos. *Começado* e *chateado*, por exemplo, o Aurélio não traz como adjetivos, o que é particularmente intrigante no caso de *chateado*, sem dúvida muito mais usado como adjetivo do que como particípio passado.

Pelo que se discutiu, é fácil concluir que os parâmetros (ix), **ordem**, e (x), **criação de vocabulário novo**, não devem ser levados às últimas consequências porque podem ser falseados ou questionados. Tentemos outro critério distintivo. A seguir, defende-se a ideia de que só afixos flexionais são excludentes e não recursivos.

Excludência e recursividade

Os critérios empíricos a seguir formulados sugerem que elementos morfológicos de mesma classe semântica não podem coexistir numa palavra (xi) e não podem ser reaplicados (xii) (Scalise, 1984).

(xi) Somente os elementos da flexão são mútua e logicamente excludentes. O acréscimo de uma forma impede a adjunção de outra de mesmo valor.

(xii) Uma regra de formação de palavras pode ser reaplicada, o que não acontece com uma regra flexional.

Os parâmetros (xi) e (xii) trazem à tona duas propriedades diferenciais do binômio flexão/derivação: a excludência (xi) e a recursividade (xii). Um afixo flexional não só exclui automaticamente outro de mesma ordem, como também não pode ser adjungido mais de uma vez. Por exemplo, se um verbo se encontra no presente do subjuntivo, não há a menor possibilidade de que ele esteja em qualquer outro tempo/modo.

Vamos explicar a atuação do critério (xi) recorrendo à noção de tactema, tal como proposta por Bloomfield (1933). Para esse autor, a ordenação linear dos afixos constitui parte da descrição morfológica das línguas. Nesse sentido, tactema seria um morfema – *um morfema que decorre da posição que formas linguísticas ocupam dentro da palavra* (Gleason Jr., 1961: 52-3).

Costuma-se fazer uso de numeração para designar os tactemas. No verbo, a informação tempo-modo-aspectual é materializada por marcas formais de ordem +1, isto é, que aparecem mais contíguas à base (1), à sua direita (+). Elementos número-pessoais constituem formas de ordem +2, haja vista sempre sucederem os de tempo-modo-aspecto, como veremos na representação em (55), a seguir:

(55)

Tema verbal	DMT	DNP
0	+1	+2
canta	*va*	*mos*

Como disputam o mesmo lugar na cadeia sintagmática (a posição +1), as marcas de tempo-modo-aspecto formam uma classe de elementos que se excluem mutuamente. Dessa forma, o verbo só pode receber uma – e somente uma – informação de tempo-modo-aspecto porque seu molde estrutural não admite mais de um elemento inserido na posição +1. São agramaticais formações como '*cantavaremos*' ou '*cantasseríamos*', com dois elementos de posição +1 adjacentes (-*va* e -*re*, no primeiro caso, e -*sse* e -*ria*, no segundo). A adição de -*re* e -*ria*, marcas de futuro, não pode ser implementada porque levaria os elementos em questão a preencher uma casa (a posição +2) ocupada por outros formativos (as marcas de número/pessoa). Nos nomes, também não é possível reaplicar um mesmo afixo flexional. Por exemplo, são agramaticais formas como '*cantamosmos*' e '*garotaa*'.

No caso da derivação, excludência (xi) e não recursividade (xii) não

60 Iniciação aos estudos morfológicos

constituem restrições invioláveis. Isso porque o número de afixos numa palavra não é tão restrito e limitado como na flexão: podemos articular quantos forem necessários para a expressão de um dado conteúdo. Palavras como 'superdesmobilização', 'indecomponibilidade' e 'inconstitucionalissimamente' evidenciam que a derivação não apresenta limite necessário. Perceba-se que vários afixos aparecem encadeados nessas construções morfológicas. A título de exemplificação, a terceira palavra possui quatro sufixos sucessivamente concatenados após o radical 'constituir': *-ção, -al, -íssimo* e *-mente*.

Além disso, afixos que, em princípio, disputariam a mesma posição na cadeia sintagmática podem aparecer juntos na mesma palavra. Por seus significados em princípio antagônicos, *-inho* e *-ão* deveriam se excluir mutuamente. As formas em (56), a seguir, evidenciam que não é exatamente o que ocorre com os sufixos de grau:

(56)	cartãozinho	salgadinhão
	caminhãozinho	calcinhona
	caixãozinho	coxinhona
	roupãozinho	camisinhão
	salsichãozinho	camisolão

Em todas as palavras de (56), os primeiros afixos foram responsáveis por opacificações de sentido em proveito da rotulação, o que nos obrigaria a rever nossa postura. Por exemplo, 'cartão', por não necessariamente significar "carta grande", pode ser modificado por um afixo que indique pequenez, não implicando, com isso, qualquer incompatibilidade semântica.

Formas hiperexpressivas – como 'bocãozinho' ("Filhinho, vamos lá, abre o bocãozinho") – revelam que palavras não lexicalizadas podem receber dois afixos de grau. Nesses casos, *-ão* e *-inho* veiculam conteúdos expressivos e servem para manifestar atitudes do falante em relação ao ouvinte ou ao objeto do discurso, sendo utilizados em situações comunicativas marcadas por alto grau de envolvimento e proximidade entre emissor e receptor. Nota-se, nos dados a seguir, todos extraídos de situações reais de interação, que a anexação de afixos dimensivos independe da lexicalização semântica.

(57) **Amigonazinha**, eu não tenho medo de injeção, mas quando era criança eu tinha, eu fazia o maior escândalo quando tomava injeção.
Esconderam tudo, não exibiram nem um **retratãozinho** do velho.

Vou fazer uma busca: ou na **caixinhona** de esmaltes, ou nas lojas!
O gato Peste é companheiro de armas do Elvis, ou seja, é um **gatinhozão** de rua.

No âmbito da derivação, a recursividade (critério xii) tem fins lexicais ou expressivos. No primeiro caso, exemplificado por 'cabeleireiro' e 'institucionalização', a reaplicação do sufixo leva à rotulação e à alteração categorial, nessa ordem. O segundo *-eiro* de 'cabeleireiro' veicula a noção de agente, enquanto o primeiro – atuando sobre a base 'cabelo' – parece expressar excesso. Pela representação em (58), observa-se que o acréscimo de *-ção* é responsável por duas mudanças de classe: (1) pela nominalização de 'instituir' e, mais tarde, (2) pela formação de um substantivo abstrato a partir do verbo 'institucionalizar':

(58)

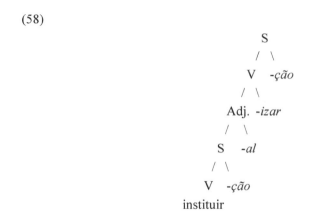

A recursividade também é usada com fins expressivos. São perfeitamente possíveis formas como 'livrãozão', com dois afixos de aumentativo, e 'vidinhazinha', com dois de diminutivo ("Eita vidinhazinha danada!"). Em ambos os casos, a repetição do sufixo funciona como reforço, exagerando o impacto pragmático do falante em relação ao 'livro' e à 'vida', avaliados, nesta ordem, positiva e negativamente. Vejam-se mais exemplos expressivos em (59), a seguir:

(59) Nem um **peixinhozinho**, nem um **franguinhozinho**. O que eu como? Pratos deliciosos que certamente são mais diversificados.
Ele não faz mais xixi, tá com sonda no **pintinhozinho** e tudo mais. Também...

62 Iniciação aos estudos morfológicos

> Tô aqui morrendo, fazendo um **trabalhãozão** pra amanhã e a filhusquinha tem me ajudado muito...
> E volto segunda **cedãozão**! Vê se vamos conseguir ir todos juntos.

A formação 'chiquererérrima', bastante empregada no Rio de Janeiro, pode ser vista como exageradamente intensiva: *-erer*, embora não coincida com o sufixo *-érrimo*, serve para supervalorizar a qualidade 'chique'. Também não soa estranha uma forma como '*super-mega-ultra*-lind-*ésima*', com quatro afixos superlativos diferentes. Nesses usos, ganha destaque o ponto de vista do falante em relação a algo/alguém, qualificado como portador em excesso do que se especifica na base.

Também com esses critérios, a lógica de uma divisão discreta nem sempre se sustenta na prática. Se, por um lado, afixos flexionais se excluem mutuamente (critério xi) e não podem ser reaplicados (xii), por outro, há inúmeros afixos derivacionais que disputam pelo mesmo lugar na estrutura da palavra e também não podem ser usados mais de uma vez.

Os sufixos *-mente* e *-idade* anexam-se ao mesmo tipo de base – um adjetivo – e concorrem pela mesma posição na cadeia sintagmática: constituem elementos terminais, bloqueando a anexação de qualquer outro sufixo, mesmo o de número plural. Além disso, não são recursivos. Por exemplo, são agramaticais formas como '*moralmentes' e '*moralmentemente'. Por esse critério, *-mente* e *-idade* poderiam ser considerados flexionais como as desinências de número-pessoa, que, além de serem elementos terminais, não podem ser reaplicadas. Outro fato que nos leva a questionar o critério (xii), **recursividade**, é a reaplicação das marcas de gênero e número em dados como os listados a seguir:

(60)	boazinha	elazinha	secretariazinha	guriazinha
	cãezinhos	leõzinhos	melõezinhos	pãezinhos

Em resumo, os critérios (xi) e (xii) não se mostram satisfatórios porque também acabam nivelando as duas morfologias: (1) vários afixos da derivação podem disputar a mesma posição e não se reaplicar, do mesmo modo que (2) afixos da flexão podem aparecer duas vezes na mesma palavra. Antes de chegarmos à conclusão de que nenhum dos critérios empíricos é 100% eficaz, esgotemos as tentativas de diferenciação recorrendo a mais alguns parâmetros. No próximo item, discute-se a possibilidade de expansão do inventário de afixos.

Número de formas e criação de novos afixos

O critério em (xiii) faz uma interessante previsão acerca do número de elementos flexionais e derivacionais numa dada língua (xiii) e do tipo de marca morfológica que pode ser criada:

(xiii) Há mais elementos derivacionais numa língua que flexionais.

(xiv) As chances de expansão do número de elementos flexionais são mínimas. Embora remota, não é impossível a criação de afixos derivacionais.

A afirmação feita em (xiii) leva em conta o inventário de afixos e a estabelecida em (xiv), a possibilidade de ampliar os conjuntos. O Universal 27 de Greenberg (1963) evidencia que *o número de morfemas flexionais numa língua é sempre menor que o número de morfemas derivacionais*. De fato, é relativamente pequeno o conjunto dos afixos flexionais do português, os quais, por caracterizar a gramática da língua (Zanotto, 1989), constituem um agrupamento fechado e limitado de elementos. O número de afixos flexionais dificilmente se altera; há, com isso, probabilidade mínima de surgir uma nova desinência.

A quantidade de elementos derivacionais é relativamente grande e seu inventário não é restrito. Utilizando as palavras de Anderson (1982: 591), a derivação constitui sistema aberto *por caracterizar o léxico da língua*. Em decorrência, há chances de ampliar o número de afixos derivacionais de uma determinada língua.

São relativamente recentes construções como 'malufete', 'angeliquete', 'guguete' e 'lulete'. Essas formas têm em comum não só a sequência fônica *-ete* (com vogal aberta) como também o conteúdo "ser do sexo feminino caracterizado por algum tipo de adesão ao nome próprio referenciado na base". Ao que tudo indica, essas palavras surgiram por analogia a 'tiete' ou 'vedete', vocábulos monomorfêmicos em que a sequência *-ete* não porta significado algum. A alta frequência de uso e a consagração da forma 'chacrete' (dançarina do programa do Chacrinha) fizeram com que *-ete* se anexasse a outras bases com igual efeito semântico. Hoje, é possível afirmar que *-ete* se comporta como sufixo produtivo do português (cf., p. ex., 'paniquete', dançarina do programa "Pânico na TV"). Como seu significado o impede de adquirir *status* flexional,

64 Iniciação aos estudos morfológicos

em virtude de não se anexar a todo e qualquer tipo de base, -*ete* funciona como unidade da derivação.

Raciocínio semelhante pode ser encaminhado a -*ê*, que aparece em formações recentes como 'balancê', 'fumacê', 'lamacê' e 'miserê', entre outras. Em todas essas palavras, tem-se a ideia de "excesso de X", o que nos autoriza afirmar que -*ê* contribui com o mesmo significado em todas as formas, podendo ser caracterizado como neossufixo do português. Dadas as restrições de aplicabilidade, -*ê* passa a valer como elemento da derivação: sua anexação a formas da língua pode ser bloqueada (1) por afixos rivais que veiculam praticamente o mesmo conteúdo, como -*eiro* ('nevoeiro'; 'lamaceira') e -*ada* ('papelada'; 'lambuzada'), ou (2) por fatores como incompatibilidade semântica.

Embora os critérios (xiii) e (xiv) façam previsões interessantes sobre o que pode e o que não pode ser criado, nada nos informam a respeito do *status* flexional/derivacional das formas já consagradas na língua. De fato, o que (xiv) nos diz em relação a, por exemplo, -*agem* e -*s*, que não são formativos recentes em português?

Por ser um parâmetro que faz referência a uma "morfologia futura", (xiv) não pode servir como instrumento para checar a natureza de afixos antigos, sendo, pois, inoperante na prática. Apelemos, então, para outro critério empírico. No próximo item, entra em jogo o que Gonçalves (2003) chama de função indexical dos processos morfológicos.

Função indexical

Pelo critério empírico expresso em (xv), a derivação pode qualificar o falante, do ponto de vista sociolinguístico:

(xv) Apenas afixos derivacionais podem servir como meio de sinalização do falante do ponto de vista social, geográfico e etário.

De acordo com Gonçalves (2003), é analisada como indexical a capacidade de uma forma veicular informações relevantes acerca de estilos vocais específicos. Determinadas estratégias podem funcionar como uma espécie de "sistema de sinalização", revelando o perfil sociolinguístico do usuário.

No âmbito da morfologia, somente processos "libertários" (derivacionais) podem carrear esse tipo de função, uma vez que a (não) escolha da expressão afixal – dentre uma gama variada de meios de materialização – pode ser *reinterpretada como vestígio de um sinal codificado socioculturalmente* (Lavandera, 1984: 49-50). As marcas flexionais não apresentam concorrentes potenciais por não serem de livre-escolha por parte do falante, como vimos nos itens "Relevância sintática" e "Meios de materialização". Por isso, não podem apresentar função indexical.

Analisemos um caso bem interessante: os sufixos superlativos do português. A intensificação é uma categoria semântico-pragmática (Gonçalves, 1997) que pode se materializar de várias formas: (a) por estratégias sintáticas (uso de advérbios, comparação, repetição, expressões idiomáticas); (b) por estratégias fonológicas (alongamento da tônica, escansão silábica); e, finalmente (c) por estratégias morfológicas (prefixação e sufixação). Pode-se afirmar, portanto, que as estratégias de intensificação constituem formas alternantes de dizer a mesma coisa. De fato, o requisito do "mesmo" opera, na intensificação, de maneira bastante evidente, haja vista esses recursos serem idênticos com re-lação ao valor de verdade (Brunner, 1995), diversificando-se apenas quanto à significação social e/ou estilística.

Gonçalves (2003) observou que a intensificação sufixal (isto é, a que se manifesta pelos sufixos *-íssimo*, *-érrimo* e *-ésimo*) tende a apresentar reforço prosódico e, paralelamente à exteriorização de atitudes subjetivas (função expressiva de avaliação), também pode servir como meio de sinalização do falante (ou de grupos de falantes), apresentando a chamada função indexical.

Homens tendem a optar por estratégias sintáticas de intensificação ('muito forte', 'forte pacas') ou por prefixos intensivos ('superforte'), evitando o uso de *-íssimo*, *-ésimo* e *-érrimo* por perceber neles forte associação com a fala feminina. Dessa maneira, haveria nos sufixos intensivos indício de vinculação com o falar feminino, de uma forma geral, e com o falar "gay", mais restri-tivamente.[17] Assim, a fim de não adquirir características que os aproximem por demais do feminino, a ponto de revelar indícios de bases femininas ou homossexuais, homens tendem a evitar a intensificação sufixal, optando por formas mais neutras – ou menos "comprometedoras" – como as estratégias sintáticas e a intensificação prefixal.

Ao que tudo indica, outros processos de formação de palavras também apresentam função indexical. Construções x-*aço*, como 'golaço', 'cansadaço', 'timaço' e 'afinzaço', parecem estar mais associadas à fala masculina, da mesma forma que a redução de palavras como 'cerva' (por 'cerveja'), 'sapa' (por 'sa-patão') e 'batera' (por 'baterista') parece estar vinculada às faixas etárias mais jovens (Alves, 2002). Enfim, processos derivacionais podem nos remeter a um grupo de falantes, fornecendo indícios do perfil sociolinguístico do usuário.[18]

No âmbito das diferenças entre flexão e derivação, o critério **função indexical** é caracterizado pelos mesmos problemas que os anteriores: serve para diagnosticar processos mais marcados, colocando no mesmo patamar os casos não marcados. Se processos com função indexical são indiscutivelmente classificados como derivacionais, o que dizer dos afixos que não apresentam tal função? Seriam todos igualmente categorizados como flexionais?

Enfim, há, em (xv), um parâmetro que tem poder preditivo apenas para elementos que apresentam função indexical. No entanto, não há previsão forte o suficiente para caracterizar afixos não indexicais. Novamente aqui, há dificuldade de se estabelecerem diagnósticos efetivamente precisos sobre o *status* morfológico de afixos do português. Testemos, por fim, dois outros parâmetros.

Cumulação e mudança de acento

A lista apresentada nas seções precedentes não é exaustiva. Há outros aspectos também apontados na literatura como importantes ferramentas para segregar os dois principais tipos de operação morfológica investigados. Por exemplo, a **cumulação** – fenômeno de análise morfológica em que uma forma indecomponível comporta mais de um significado – é frequentemente trazida à tona para diferenciar flexão de derivação:

> (xvi) Elementos da flexão podem estar a serviço da expressão de mais de um conteúdo ou função, sendo, por isso, cumulativos. Os da derivação, ao contrário, não são cumulativos.

De fato, todo o mecanismo da flexão verbal em português é caracterizado por afixos cumulativos (expressão de tempo/modo/aspecto, de um lado, e número/pessoa, de outro). Não é cumulativa, no entanto, a marca de plural, nos nomes, o que já põe em xeque a afirmação feita em (xvi). Como os demais critérios, a cumulação não escapa a uma rápida apresentação de contraexemplos, uma vez que não é exclusividade de processos flexionais. Como vimos, afixos derivacionais podem apresentar mais de um conteúdo e/ou função. Tal é o caso dos sufixos que manifestam gênero e mudam classes, como *-ção* e *-mento*, por exemplo.

Das diferenças entre flexão e derivação **67**

Outro aspecto que frequentemente se utiliza para diferenciar os dois tipos de afixo é o acento. A máxima a seguir, em (xvii), captura uma tendência dos dois tipos de afixos do português:

> (xvii) Sufixos derivacionais portam acento e desacentuam a base; ao contrário, sufixos flexionais são átonos e preservam o acento da base.

Em geral, sufixos derivacionais são tônicos e modificam o acento da base, fazendo com que a regra do acento seja recursiva, como em 'ba<u>na</u>na' 'ba-na<u>nei</u>ra' (Pardal, 1977; Lee, 1995). Os flexionais, por serem átonos, não alteram a pauta acentual das bases, como em '<u>ga</u>to' '<u>ga</u>tos'. Embora seja adequado e consiga dar conta de vários afixos, o critério em (xvii), **mudança de acento**, também não se mostra 100% eficaz, uma vez que a derivação pode não mudar a tonicidade da base e a flexão, por sua vez, imprimir deslocamento de acento, em função da Restrição de Janela de Três Sílabas (RJTS) que o português apresenta (Bisol, 2000). Os dados em (61) e (62) mostram, nessa ordem, que a derivação não envolve deslocamento do acento e a flexão altera a posição da tônica:

(61) a<u>mar</u>   a<u>má</u>vel   ca<u>lor</u>   ca<u>ló</u>rico
  can<u>tar</u>   can<u>tá</u>vel   ve<u>lar</u>   ve<u>lá</u>rica

(62) <u>lú</u>cifer   lu<u>cí</u>feres   <u>jú</u>nior   ju<u>ni</u>ores
  <u>Jú</u>piter   ju<u>pí</u>teres   <u>sê</u>nior   se<u>ni</u>ores

O critério **mudança de acento** também não se mostra adequado para o tratamento da flexão verbal, já que ao lado de formas rizotônicas (as acentuadas na base), como 'canta' e 'lembro', há também as arrizotônicas (acentuadas nas flexões), como 'cantei' e 'lembrou'. Enfim, mais uma vez, estamos diante de um critério nem sempre eficaz para a distinção que nos interessa.

Palavras finais

Por tudo que se expôs no decorrer deste capítulo, pode-se afirmar que os critérios empíricos não atuam de modo coerente e preciso. Por isso mesmo, o mapeamento dos traços que diferenciam flexão de derivação deve ser en-

68 Iniciação aos estudos morfológicos

carado como tentativa de diagnosticar afixos e não como um veredicto sobre seu estatuto morfológico.

Cada um dos critérios apresentados é passível de ser questionado. No entanto, julgamos de maior gravidade a falta de uniformidade nos agrupamentos. Como vimos, os parâmetros são conflitantes e nos deixam inseguros quanto à categorização de determinados elementos morfológicos do português: é extremamente difícil encontrar afixos "bem-comportados", em que todos os critérios levem à mesma caracterização.

No próximo capítulo, mostraremos alguns critérios que arbitram em favor não das diferenças entre as operações flexionais e derivacionais, mas das semelhanças.

NOTAS

[1] Diferente da abordagem lexicalista forte – que considera que as operações morfológicas como um todo acontecem no léxico –, a hipótese lexicalista fraca propõe que processos flexionais ocorrem nas operações sintáticas; somente os derivacionais acontecem no léxico. Discutimos melhor a questão no capítulo "Das semelhanças entre flexão e derivação" (item "Sobre o lexicalismo: fortalecendo a hipótese forte").

[2] Para Anderson (1985: 191), a vogal temática é uma categoria inerente: constitui *idiossincrasia formal de determinados verbos pertencer a uma ou a outra conjugação, ou de determinados nomes pertencer a uma ou a outra declinação.*

[3] O quadro em (07) apresenta apenas as terminações mais usuais de cada declinação, deixando, pois, de listar os casos excepcionais ou variáveis.

[4] Clíticos são formas que se assemelham a palavras, como o artigo definido 'o' e o pronome reflexivo 'se', mas não podem figurar sozinhos em um enunciado, sendo estruturalmente dependentes da palavra vizinha nas construções em que aparecem. Inertes prosodicamente, por não serem acentuados, os clíticos apoiam-se num hospedeiro, formando, com ele, uma única palavra prosódica (Halpern, 1998). Mattoso Câmara Jr. (1970), ampliando o conceito de forma estabelecido em Bloomfield (1933), propõe que clíticos sejam vistos como formas dependentes.

[5] De acordo com Piza (2001: 52), coletivos não materializam exatamente a mesma noção que plural. Nos coletivos, a ideia de conjunto é anterior à de unidade e, por isso, também são suscetíveis de pluralização ('cardume' *vs.* 'cardumes').

[6] Boer (1982: 57) distingue paradigmas flexionais de paradigmas derivacionais da seguinte maneira: *paradigmas flexionais estabelecem relações dentro do item lexical, enquanto paradigmas derivacionais fazem relações entre itens lexicais.* Usamos o termo paradigma com o sentido empregado por esse autor.

[7] Não estamos utilizando o termo produtividade na acepção que há, por exemplo, em Aronoff (1976) e Basilio (1980). Para esses autores, produtividade é o potencial que um processo morfológico tem de criar formas novas na língua, não envolvendo, portanto, uma dimensão quantitativa. Seguimos Katamba (1990) e utilizamos o termo de modo não dicotômico, ou seja, sem qualquer referência a processos produtivos e improdutivos.

[8] De acordo com Miranda (1979) e Azevedo (1983), o sufixo *-nte* também pode ser anexado a bases verbais para expressar agentividade: 'escrevente', 'servente', 'atendente'.

[9] Formas como 'roubador' e 'estudador' são agentivas, mas revelam a existência de um significado aspectual, uma vez que o ser é caracterizado pela prática eventual da ação expressa na base.

[10] Supletivismo é o processo por meio do qual uma forma supre a inexistência de outra(s). O processo faz referência aos casos em que não é possível evidenciar uma relação entre palavras por meio do estabelecimento

de regras gerais *porque as formas envolvidas têm raízes diferentes* (Crystal, 1985: 248). Dessa maneira, supletiva é a forma com raiz diferente que completa um paradigma. Por exemplo, as raízes iniciadas por /v/ e / f/ do verbo 'ir' suprem a inexistência de formas que contenham a raiz 'ir': 'vou'/'vamos' e 'fui'/'fosse', em contraste com 'iria' e 'iremos'.

[11] De acordo com Spanó (1999: 7), embora adjetivos pátrios e designativos de cores bloqueiem a formação X-*mente*, construções como 'francesamente' e 'vermelhamente' são estranhas, raras e incomuns, mas não são agramaticais. Em recente artigo publicado no jornal *O Globo* (26/2/2003), na seção "Economia" (p. 19), lia-se, em referência ao presidente dos Estados Unidos, a seguinte chamada: "Americanamente falando, *yes* à guerra".

[12] O sufixo -*vel* também forma adjetivos a partir de nomes substantivos, como em 'reitorável' ("possível candidato a reitor"), 'prefeitável' ("provável candidato a prefeito") e 'papável' ("possível papa") .

[13] De fato, a oposição masculino *vs.* feminino não é necessariamente simétrica. O próprio par 'homem'/'mulher' evidencia isso. Um marido pode se referir à esposa como "minha mulher". A expressão "meu homem" ganha outro significado.

[14] Em Fonologia, o OCP (abreviação de *Obligatory Contour Principle*), proposto por Leben (1973), regula a adjacência de segmentos (ou traços) idênticos. Apagamentos, inserções e substituições de segmentos (ou traços) podem ter como motivação a igualdade de elementos adjacentes. Por exemplo, uma forma como '*inlegítimo' revela atuação do OCP, uma vez que duas soantes figuram adjacentes em fronteira de morfemas. A nasal do prefixo de negação é apagada para resolver esse problema de má-formação ('ilegítimo').

[15] A distribuição entre -*ar* e -*al* é fonologicamente condicionada Uma base constituída por uma líquida lateral no *onset* da última sílaba desabilita a presença de uma consoante lateral no sufixo ('escolar' e 'escalar'). Nos demais casos, a variante selecionada é sempre -*al*. Há, portanto, um processo de dissimilação que – talvez em função do OCP – altera a terminação do sufixo.

[16] Como destacamos anteriormente, há sufixos que categoricamente formam palavras femininas (entre outros, -*ada* e -*ção*) ou masculinas (p. ex., -*al* e -*mento*). Com tais sufixos, não há qualquer possibilidade de variação formal para o gênero, uma vez que não admitem a anexação das marcas flexionais dessa categoria.

[17] Gonçalves (2003) chegou a essa conclusão a partir de um teste de avaliação, realizado com homens de várias faixas etárias. Além disso, percebeu que a intensificação sufixal é extremamente rara (5%) na fala dos homens da Amostra Censo de Variação Linguística (Naro, 1986). Por fim, encontrou grande contingente de formas superlativas em -*íssimo*, -*érrimo* e -*ésimo* em revistas voltadas para o público *gay*, como a *G Magazine*, por exemplo. Essas evidências nos fazem crer que o uso de tais sufixos realmente encobre relações de estereótipos sociais por estarem associados à fala feminina, de um modo geral, e à fala *gay*, mais especificamente.

[18] De base sociolinguística, o critério (xv), **função indexical**, acende o debate sobre a independência da morfologia em relação à fonologia na veiculação de traços indexicais. Em Gonçalves (2003), discute-se a possibilidade de tal função ser imputada à prosódia, pois formas como 'chiquérrima' e 'cansadaço' apresentam reforço acentual, tornando determinadas sílabas mais proeminentes que outras. Nesse sentido, questiona-se se a informação indexical é de fato carreada pelo uso de marcas morfológicas.

Das semelhanças entre flexão e derivação

No primeiro capítulo, enumeramos uma série de critérios empíricos que, isoladamente ou em conjunto, são com frequência evocados para separar rigidamente a flexão da derivação. Neste capítulo, veremos que também é possível elencar parâmetros que, ao contrário, servem para unificá-las. Ao focalizar as semelhanças, buscamos mostrar que flexão e derivação, pelo menos do ponto de vista formal, não constituem processos tão diferentes quanto parecem.

O presente capítulo estrutura-se da seguinte maneira: nos três primeiros itens, analisamos as características que aproximam os afixos flexionais dos derivacionais. A seguir, discutimos o lugar da flexão na gramática, trazendo à tona um debate ainda em curso na teoria morfológica contemporânea (Jensen, 1991; Katamba, 1990; Spencer, 1993): o tratamento sintático da flexão. Com base em exemplos do português, procuramos fornecer evidências contrárias à chamada hipótese lexicalista fraca (Chomsky, 1970; Anderson, 1982), segundo a qual somente a derivação é processada no léxico.

No primeiro capítulo, mostramos que nenhum parâmetro escapa a uma rápida apresentação de contraexemplos e que critérios empíricos não fornecem distinção segura e eficaz, visto levarem a diagnósticos quase sempre conflitantes. Alguns autores, como Halle (1973), em vez de insistirem na separabilidade, defendem a ideia de que o comportamento da flexão não é radicalmente diferenciado do da derivação, uma vez que ambas guardam relações de identidade formal e/ou estrutural.

Nos itens que se seguem, procuramos demonstrar, de acordo com Di Sciullo & Williams (1987) e Bochner (1992), entre outros, que a distinção entre processos flexionais e derivacionais é pouco motivada empiricamente e, por isso mesmo, *não deve ter lugar de destaque na Teoria Morfológica* (Lieber, 1980: 70). No nosso ponto de vista, o mapeamento das semelhanças reforça a tese de Aronoff (1994: 126), segundo a qual *derivação e flexão não são tipos de morfologia, mas, talvez, usos da morfologia.*

Operações formais da derivação e da flexão

Em (i), argumenta-se que a flexão e a derivação podem se valer dos mesmos tipos de operações sobre bases:

(i)   Flexão e derivação envolvem os mesmos tipos de operações formais. Nas línguas do mundo, processos como sufixação e prefixação podem ser utilizados tanto para fins flexionais quanto derivacionais.

De acordo com (i), significados flexionais e derivacionais são veiculados pelos mesmos conjuntos de operações formais. Em Spencer (1993), reconhecem-se dois tipos de processos morfológicos: (a) os aglutinativos, que consistem no encadeamento de formas e estão associados à interpretação do morfema como "coisa"; e (b) os não concatenativos, caracterizados por uma modificação morfofonológica nas bases e nos levam a aceitar a ideia de que o morfema também pode ser "regra".

Nos processos aglutinativos, uma forma pré-especificada remete a algum tipo de significado e é adjungida ou à esquerda ou à direita da base. Nos não concatenativos, ao contrário, a própria base sofre modificações fonológicas de natureza variada, não havendo, em consequência, estrito encadeamento de elementos morfológicos: o resultado da operação dificilmente implica uma divisão da palavra em unidades discretas de forma e significado. No quadro em (01), a seguir, apresentamos os principais tipos de operações morfológicas, diferenciando as aglutinativas das não concatenativas:

(01)

Operações aglutinativas		Operações não concatenativas	
Processo	Detalhamento	Processo	Detalhamento
Sufixação	Um afixo se acrescenta à direita da base	Reduplicação	Parte da base é redobrada, sendo o material replicado anexado posteriormente
Prefixação	Um afixo se acrescenta à esquerda da base	Subtração	Uma dada base perde um segmento, uma sílaba ou uma sequência de sons
Circunfixação	Um prefixo e um sufixo se adicionam a uma base simultaneamente	*Ablaut*	Apofonia; Alternância nas vogais átonas da base (em timbre, altura ou recuo)
Infixação	Um afixo é adicionado no interior de uma base	*Umlaut*	Metafonia; Alternância nas vogais tônicas da base (em timbre, altura ou recuo)

Como se vê em (01), uma unidade de conteúdo pode se manifestar morfologicamente por um afixo ("coisa") ou por um processo ("regra").[1] O português, como as demais línguas indo-europeias, apresenta morfologia predominantemente aglutinativa, uma vez que a grande maioria das operações envolve concatenação de afixos ou de radicais: flexão (feliz-es), sufixação (pagod-eiro), prefixação (in-certo), composição (puxa-saco) e circunfixação (des-alm-ado) são processos sintagmaticamente caracterizados pela sucessão linear de formativos, de modo que há condições ótimas para a isolabilidade de elementos morfológicos.

No entanto, há casos marginais que podem ser tratados por subtração morfológica ('réu'/'ré', 'mau'/'má') ou por *umlaut* ('d[u]rmo', 'd[ó]rme', 'd[ô]rmimos'), processos que não operam com rigoroso encadeamento de formas. Nesses exemplos, a base adquire feição fonológica diferente para veicular um conteúdo gramatical. No primeiro caso, a falta da semivogal /w/, no contraste entre formas masculinas ('réu', 'mau') e femininas ('ré', 'má'), serve para expressar o gênero. No segundo, alternâncias vocálicas no radical

74 Iniciação aos estudos morfológicos

([ô] ~ [ó] ~ [u]) reforçam a indicação de número/pessoa, também manifesta pelas terminações do verbo.

Na literatura, casos de subtração e alternância são analisados como flexões internas (Monteiro, 1987; Zanotto, 1989). Para Jota (1976: 133), *mutações dentro da própria raiz podem, morfêmica ou submorfemicamente, estar na base de oposições entre categorias gramaticais*. Genericamente falando, flexões internas resultam da aplicação de processos morfológicos não concatenativos, como os listados no quadro em (01), e podem reforçar ou não uma flexão externa – a que vem representada por um afixo.

Focalizando o assunto que nos interessa, poderíamos questionar se flexão e derivação selecionam diferentes tipos de operação morfológica ou se utilizam os mesmos mecanismos. Em (i), reivindica-se que qualquer tipo de processo – aglutinativo ou não concatenativo – pode ser utilizado tanto para fins flexionais quanto derivacionais. Bochner (1992: 14), reforçando o time dos que defendem a não separabilidade, afirma que *operações como prefixação, sufixação e reduplicação têm usos simultaneamente flexionais e derivacionais nas línguas do mundo*. Comentemos alguns casos.

Em samoano, por exemplo, a reduplicação serve para expressar o número nos verbos, como se vê em (02). Observe que as formas de plural se manifestam pela cópia da segunda sílaba, que é anexada no interior da base, entre as duas primeiras sílabas. Os dados são de Jensen (1991):

(02)

manao	'ele quer'	mananao	'eles querem'
matua	'ele é velho'	matutua	'eles são velhos'
galue	'ele trabalha'	galulue	'eles trabalham'
savali	'ele viaja'	savavali	'eles viajam'
alofa	'ele ama'	alolofa	'eles amam'

Nessa mesma língua, a reduplicação pode ser utilizada para expressar intensificação – *um morfema derivacional em samoano* (Jensen, 1991: 70). Nesse caso, a base é um adjetivo e o processo também envolve o redobro de uma sílaba. Em (03), constata-se que a primeira sílaba da base é reduplicada e anexada à esquerda do derivante.

(03)

pingan	'sujo'	pinpingan	'muito sujo'
biag	'velho'	bibiag	'muito velho'
nualá	'cansado'	nunualá	'muito cansado
dalan	'feio'	dadalan	'muito feio'

Não é difícil concluir que a reduplicação está a serviço tanto da flexão (expressão do número) quanto da derivação (intensidade) em samoano, havendo, em consequência, absoluta identidade formal entre elas. O que acontece em samoano não é muito diferente do que ocorre em português, uma vez que a flexão e a derivação fazem uso da sufixação. Em outras palavras, as categorias flexionais do português se manifestam pela adjunção de um afixo à direita da base, do mesmo modo que, por exemplo, todos os elementos derivacionais utilizados para efetuar mudanças de classe, como, entre outros, *-dor* ('agitar' – 'agitador'), *-mente* ('feliz' – 'felizmente') e *-agem* ('lavar' –'lavagem').

Pelo tipo de operação morfológica, é possível determinar o que não pode ser flexional em português, mas não é possível identificar o que deve ser qualificado como tal. Todos os afixos da flexão são sufixos, mas essa caracterização não é suficiente para estabelecer diferenças entre as duas morfologias: a afirmação de que todos os afixos da flexão são sufixos é verdadeira, mas a inversa não o é, ou seja, nem todos os sufixos são afixos da flexão.

De fato, prefixação e circunfixação são operações morfológicas exclusivas da derivação, uma vez que nenhuma categoria flexional de nossa língua envolve o uso de prefixos ou de circunfixos. Nesses casos, o tipo de operação formal, por si só, exclui a possibilidade de haver flexão.[2]

No caso da subtração, no entanto, não é possível prever o tipo de morfologia que está em jogo, uma vez que o encurtamento das bases pode levar à expressão do gênero, como nos pares anteriormente comentados, ou à formação de uma nova palavra. Por exemplo, nomes podem ser formados de verbos por meio da derivação regressiva, que, nos termos de Rocha Lima (1975: 187), consiste *na diminuição do derivante, do qual se subtrai o segmento terminal*. Pares como 'falar'/'fala' e 'esperar'/'espera' evidenciam que o afixo de infinitivo é retirado da forma verbal para se chegar ao nome correspondente. O truncamento, outro processo que cancela segmentos da base, também se dá por subtração morfológica, como, por exemplo, em 'delegado'/ 'delega' e 'salafrário'/'salafra'. Nesses pares, não há mudança de classe, mas veiculação de um conteúdo nitidamente expressivo, como mostra Alves (2002).

Alternâncias vocálicas em bases não são modificações somente encontradas na expressão de categorias flexionais. Se a abertura da tônica constitui traço extra na expressão do feminino, como ocorre em 'p'[ô]rco'/'p[ó]rca' e 'n[ô]vo'/'n[ó]va', também pode ser consequência do acréscimo de determinados sufixos derivacionais. Em 'esquel[ê]to'/ 'esquel[é]tico' e 'cal[ô]r'/ 'cal[ó]rico', por exemplo, derivante e derivado diferem no timbre da tônica,

76 Iniciação aos estudos morfológicos

autorizando-nos a afirmar que a derivação também pode ser submorfemicamente reforçada por processos não concatenativos.

Em resumo, a natureza da operação não determina o estatuto morfológico do processo. Dito de outra maneira, a diferença entre flexão e derivação,
se de fato existe, não é implementada pelo tipo de mecanismo formal, já
que uma mesma operação pode (a) ser utilizada flexionalmente numa língua e derivacionalmente em outra e (b) servir, numa mesma língua, às duas
morfologias.

Considerando que a flexão realiza propriedades morfossintáticas
(Anderson, 1982), podemos pressupor que o conjunto de categorias flexionais difere pouco de uma língua para outra. No entanto, a afirmação feita
em (ii), a seguir, imediatamente nos faz rever essa hipótese. No próximo
item, veremos que uma mesma categoria pode ser flexional em uma língua
e derivacional em outra.

Breve exercício de morfologia comparada

Na afirmação feita em (ii), a seguir, recorremos a Halle (1973) para apresentar outra característica que aproxima a flexão da derivação:

(ii)   significados expressos flexionalmente em uma língua podem ser veiculados
de diferentes modos em outra.

Rosa (2000: 131), baseada em Anderson (1985) e em Crystal (1985),
apresenta um inventário de categorias que podem ser expressas por flexão nas
línguas do mundo. Esse conjunto, entretanto, não se realiza do mesmo modo
em todas as línguas naturais, uma vez que (a) diferentes relações opositivas
podem estar envolvidas na flexão e (b) categorias gramaticais não são obrigatoriamente veiculadas por mecanismos flexionais.

O fato de duas ou mais línguas manifestarem flexionalmente o número
não implica que essa categoria se apresente da mesma maneira em todas elas.
Em português, contrastam-se, pelo número, formas de singular e de plural
('gato'/'gatos'). No grego clássico, além do singular e do plural, havia, também,
o dual, que, como o próprio nome sugere, era empregado *para indicar dois
seres, pessoas ou coisas* (Horta, 1978: 130). Assim, uma palavra como 'αδελφη'
('irmã') podia assumir três formas diferentes para expressar o número:

(04) 'αδελφη' ('a irmã')
     'αδελφαι' ('as irmãs')
     'αδελφα' ('as duas irmãs')

Confrontemos outra categoria: o gênero. Em português, distinguem-se dois conjuntos de nomes quanto ao gênero: os masculinos ('pente', 'livro') e os femininos ('ponte'/'casa'). Em latim, diferentemente, substantivos e adjetivos se distribuíam por três grupos paradigmáticos, uma vez que essa língua também reconhecia o gênero neutro, conjunto característico, na grande maioria das vezes, *dos nomes referentes a seres assexuados* (Cardoso, 1989: 20).

Em síntese, essas duas pequenas comparações servem para demonstrar que significados gramaticais não se manifestam de modo idêntico nas línguas naturais. Apesar do comportamento diversificado, as categorias até então comentadas se realizam por flexão nas línguas confrontadas. No entanto, há significados expressos flexionalmente em uma língua, e derivacionalmente, em outra, o que constitui problema para abordagens separatistas, haja vista que o entendimento da flexão e da derivação como diferentes "usos da morfologia", na visão de Aronoff (1994), pode ser posto em xeque (Carstairs-McCarthy, 1992).

Se utilizarmos a noção de obrigatoriedade, o grau deve ser considerado derivacional em português, como vimos nos três primeiros itens do capítulo "Das diferenças entre flexão e derivação". Em inglês, a classe dos adjetivos modifica-se obrigatoriamente para expressar o superlativo e o comparativo, como se vê nos dados em (05).

(05)

old	young	tall	happy	fine	"x"
older	younger	taller	happier	finer	"mais x que"
oldest	youngest	tallest	hippiest	finest	"o mais x"

Expedientes de natureza sintática são empregados em nossa língua para expressar comparações. Nos exemplos em (05), a forma do adjetivo não apresenta qualquer alteração formal. Esses dados evidenciam que o comparativo (de igualdade ou superioridade) se manifesta, em português, por operações puramente sintáticas:

(06) Fulano é mais forte que Beltrano
      Fulano é o mais forte de todos
      Fulano é tão forte quanto Beltrano

78 Iniciação aos estudos morfológicos

O aspecto, que faz referência *às diferentes maneiras de encarar a constituição temporal interna de uma situação* (Comrie, 1976: 3), manifesta-se flexionalmente numa grande variedade de línguas (Bybee, 1985). Em português, funciona subsidiariamente, uma vez que vem representado no próprio radical do verbo ou se manifesta por afixos derivacionais de baixa produtividade, como veremos com mais detalhes no capítulo "O *continuum* flexão-derivação". Há, por outro lado, um processo bastante produtivo usado para indicar duração e/ou desenvolvimento em nossa língua: a parassíntese.

Nos dados em (07), uma circunfixação em /eN ... ecer/ é aplicada a bases adjetivas para explicitar mudança de estado (físico ou psicológico). Em todos os casos, a mudança de estado é vista como progressiva e gradual, sendo caracterizada, na verdade, como um processo. Nesses exemplos, tem-se a noção de aspecto. Esse significado, no entanto, é veiculado por um afixo de natureza derivacional, considerando-se a mudança de classe (um adjetivo passa a verbo):

(07)	entristecer	envelhecer	enriquecer
	emagrecer	embranquecer	enegrecer
	enrijecer	entardecer	ensurdecer

Em suma, a categorização de um processo como flexional ou derivacional varia interlinguisticamente. Se flexão e derivação constituem "usos" da Morfologia, como propõe Aronoff (1994), esses usos diferem de uma língua para outra, não sendo necessariamente idênticas as estratégias que as línguas acionam para representar significados e expressar relações gramaticais. Temos, com isso, outro indício de que o binômio flexão/derivação é menos discreto do que parece.

Podemos recorrer à fonologia para observar se processos segmentais são sensíveis à informação do tipo de fronteira morfológica. Essa tentativa é feita no próximo item.

Processos fonológicos em fronteiras morfológicas

Na afirmação feita a seguir, assume-se que processos fonológicos fazem referência a fronteiras de morfemas, mas podem não ser sensíveis à distinção flexão/derivação:

(iii) Uma regra fonológica pode aplicar-se da mesma forma entre afixos flexionais e derivacionais.

Regras fonológicas interagem com regras morfológicas, uma vez que podem ser bloqueadas em fronteira de afixos ou, ao contrário, só se aplicar nesse tipo de contexto. Com o propósito de verificar se realmente procede a afirmação feita em (iii), focaremos a segunda situação, isto é, a dos processos segmentais que operam entre constituintes morfológicos. Comecemos pela regra de ressilabificação da nasal.

É quase consensual a aceitação de que o português não apresenta vogais nasais em seu inventário de fonemas. Para a maior parte dos fonólogos (Callou & Leite, 1990; Cristófaro-Silva, 2000), a nasalidade vocálica deriva do contato da vogal com uma consoante nasal adjacente em posição de coda silábica. Mattoso Câmara Jr. (1970: 31) analisa a consoante nasal de travamento como um arquifonema, formalmente representado por /N/. Na posição implosiva, esse segmento não é especificado para ponto de articulação, uma vez que resulta da neutralização entre /m/, /n/ e /ɲ/, que são contrastivos somente no *onset* da sílaba ('somo'/'sono'/'sonho'; 'uma', 'una', 'unha').

Em português, não há ressilabificação de /N/ em fronteira de palavras. De fato, quando um vocábulo terminado em /N/ fica contíguo a outro que se inicia por vogal, a consoante em questão nunca forma sílaba com a vogal seguinte.[3] Pode-se constatar esse fato nos exemplos em (08), a seguir:

(08)	irmã	amiga	*irma[n]amiga
	alemã	inteligente	*alema[n]inteligente
	rã	aleijada	*ra[n]aleijada

A regra de ressilabificação da nasal é aplicada somente em fronteira de morfemas. Nos dados em (09), a seguir, a forma do prefixo de negação é condicionada pelo tipo de segmento que inicia a base, uma vez que se realiza foneticamente como vogal oral ([i-]), antes de líquidas e nasais (primeira coluna); como vogal nasal ([ĩ-)]), antes de oclusivas e fricativas (segunda); ou como vogal oral + nasal alveolar no onset da sílaba seguinte ([i.n-]), antes de vogais (última coluna). Vejam-se os exemplos:

(09)	[i-]legal	[ĩ-)]certo	[i.n-]útil
	[i-]moral	[ĩ-)]grato	[i.n-]ábil
	[i-]nato	[ĩ-)]justo	[i.n-]operante

80 Iniciação aos estudos morfológicos

Se admitirmos que a forma subjacente do prefixo de negação é /iN-/, podemos formular várias regras para dar conta de suas diferentes realizações nos dados de (09). Na terceira coluna (a que nos interessa no momento), é possível estabelecer uma regra de ressilabificação e de atribuição de ponto, a partir da qual /N/ sai da posição de coda do prefixo de negação para a de onset da primeira sílaba da base, recebendo, adicionalmente, o ponto alveolar. Em outras palavras, o arquifonema nasal (/N/) é transformado em /n/, uma soante alveolar, quando a base se inicia por vogal.

Os dados em (08) e (09) revelam que o processo em questão é sensível à informação morfológica, aplicando-se, pois, somente entre morfemas. Para essa regra, é irrelevante a natureza do processo morfológico, uma vez que opera sempre que /N/ fica contíguo a sufixos que comecem por vogais, sejam eles flexionais ou derivacionais, como se observa em (10), a seguir. Nesses dados, percebe-se uma sistemática correspondência entre o aumentativo *-ão* e seu alomorfe *-on*. Para Mattoso Câmara Jr. (1970: 33), a forma subjacente desse ditongo nasal é /oN/.[4]

(10)	caminhão	caminho[n]eiro	valentão	valento[n]a
	macarrão	macarro[n]ada	babão	babo[n]a
	espião	espio[n]ar	gatão	gato[n]a

Em (10), a realização [o.n], com a nasal alveolar no ataque da sílaba que inicia o sufixo, é sistemática e não seleciona um tipo específico de formativo. Em outras palavras, não importa, para o processo em questão, se o sufixo seguinte é derivacional (*-eiro*, *-ada*, *-ar*) ou flexional (*-a*). O que vale é a informação da fronteira morfológica: nada mais além disso.

Outros processos segmentais do português são igualmente insensíveis às diferenças entre flexão e derivação. Por exemplo, a regra que transforma o arquifonema /S/, não especificado para ponto e sonoridade, em [z], uma fricativa alveolar vozeada, também não discrimina a natureza morfológica do afixo: aplica-se tanto em formas flexionadas como em derivadas, como pode ser constatado em (11):

(11)	freguês	fregue[z]ia	fregue[z]a
	francês	frace[z]ismo	france[z]a
	mês	me[z]ada	me[z]es
	vez	ve[z]inha	ve[z]es

Ao que tudo indica, a fonologia muitas vezes não enxerga as diferenças entre flexão e derivação, pois nem sempre reconhece o tipo de fronteira morfológica que está em jogo. Interessante ressaltar que processos segmentais podem ser sensíveis a determinados tipos de afixos derivacionais. Por exemplo, a regra de assibilação, que converte oclusivas não labiais surdas (/t, k/) em fricativa alveolar surda (/s/), é engatilhada pela presença de uma vogal alta anterior (/i/) em fronteira de morfemas (Lee, 1995). Os dados apresentados em (12) mostram que o processo acontece com vários sufixos iniciados por /i/, como, por exemplo, *-ia*, *-ismo* e *-ice*. Os afixos de grau (*-inho* e *-íssimo*) bloqueiam a aplicação da regra:

(12)

profeta	profe[s]ia	gato	* ga[s]íssimo
histórico	histori[s]ice	perto	* per[s]íssimo
elétrico	eletri[s]ista	peito	* pei[s]inho
histórico	histori[s]ismo	leite	* lei[s]inho

Parece que a diferença entre flexão e derivação não é relevante aos olhos da fonologia, que, no entanto, pode ser sensível à presença de determinados afixos derivacionais, como mostram os exemplos de (12). Outra regra que discrimina o tipo de afixo derivacional é a de apagamento da nasal /N/. Nos dados de (08), vimos que o arquifonema do prefixo é cancelado quando a base se inicia por líquida. Em (13), percebemos que essa regra se aplica aos dados da primeira coluna, mas não aos da segunda.

(13)

iN-lógico	ilógico	eN-lata-ar	enlatar
iN-real	irreal	eN-rolo-ar	enrolar
iN-racional	irracional	eN-rico-ecer	enriquecer

Nos exemplos em (13), a circunfixação constitui bloqueio à regra de cancelamento da nasal diante de líquidas. Não há, tanto em (12) quanto em (13), fronteiras morfológicas que se qualifiquem diferentemente quanto ao *status* morfológico do processo. Por tudo que se expôs neste item, tem-se, com (iii), evidência contra a segregação das duas morfologias, uma vez que a fonologia parece insensível às diferenças entre flexão e derivação.

Um círculo vicioso

No capítulo "Das diferenças entre flexão e derivação", apresentamos dezessete aspectos que distinguem a flexão da derivação e frisamos que eles são falseáveis, uma vez que não implicam diferenças absolutas. Por essa razão, alguns podem ser utilizados como argumentos contra a separabilidade das duas morfologias. Halle (1973), por exemplo, faz uso do parâmetro **mudança de classe** para mostrar que a derivação não necessariamente leva a modificações na categorização lexical das bases, sendo, nesse aspecto, bastante parecida com a flexão, que tende a não apresentar o que Basilio (1987) e Rocha (1998) chamam de função sintática dos processos morfológicos.

Em linhas gerais, parte dos parâmetros descritos no capítulo citado poderia ser utilizada neste capítulo, ou seja, poderíamos deslocar, para esta parte do livro, vários dos critérios empíricos utilizados para diferenciar a flexão da derivação. No quadro em (14), a seguir, mostramos que um mesmo critério empírico, a depender de como é enunciado, pode ressaltar as diferenças ou as semelhanças:

(14)

Critérios	Diferenças	Semelhanças
Excludência	Os elementos da flexão são mutuamente excludentes; os da derivação, não necessariamente.	Muitos afixos derivacionais se excluem, naturalmente, como os flexionais.
Recursividade	Uma regra flexional não pode ser reaplicada; uma derivacional pode.	A grande maioria dos afixos derivacionais, da mesma forma que os flexionais, não é recursiva.
Mudança de classe	A flexão não muda classe; a derivação pode mudar.	Muitos afixos derivacionais não mudam classes, do mesmo modo que os flexionais.
Função indexical	Afixos derivacionais veiculam significados sociolinguísticos.	Nem todo afixo da derivação, como as flexões, apresenta função indexical.

Cumulação	A flexão pode ser cumulativa; a derivação não.	Tanto a flexão quanto a derivação podem ser caracterizadas pela cumulação de significados ou funções.
Lexicalização	A derivação apresenta desvios na forma e no conteúdo; a flexão é regular.	Flexão e derivação podem sofrer lexicalização (de vários tipos).

Da mesma forma, caso queiramos insistir nas diferenças, também seria possível aplicar as três evidências apresentadas neste capítulo em favor da segregação, uma vez que, em termos de tendências gerais, (a) a flexão se manifesta mais por sufixos (Greenberg, 1963); (b) determinadas categorias gramaticais, como o número, por exemplo, tendem a ser veiculadas por flexão na maior parte das línguas do mundo (Bybee, 1985); e, ainda, (c) regras fonológicas também podem fazer referência a fronteiras de flexão/derivação (Kiparsky, 1982), aplicando-se diferenciadamente conforme o estatuto do afixo.

Em resumo, critérios objetivos servem de guia à tentativa de unificar ou separar as duas morfologias. Evidências encontradas em diferentes línguas, no entanto, dão mostras de que sempre haverá resíduos, em qualquer uma das tentativas. Tal fato sugere que flexão e derivação apresentam tanto semelhanças quanto diferenças, não havendo entre elas, portanto, total identidade nem limites intransponíveis.

Sobre o lexicalismo: fortalecendo a hipótese forte

De todos os aspectos discutidos no capítulo "Das diferenças entre flexão e derivação", o que mais tem causado polêmica, em função do lugar que processos morfológicos ocupariam na gramática, é a relevância sintática. A afirmação feita em (iv) pode ser vista como consequência do primeiro e mais importante parâmetro utilizado para diferenciar flexão de derivação:

(iv)   Somente a derivação é processada no léxico, sendo a flexão operada na sintaxe.

84 Iniciação aos estudos morfológicos

Em texto sobre a nominalização de verbos, Chomsky (1970) propõe uma distinção modular entre processos lexicais e sintáticos, genericamente conhecida pela rubrica 'lexicalismo'. Nessa proposta, palavras são derivadas no léxico e emergem com estrutura interna à qual a sintaxe não tem acesso. Na versão lexicalista de Chomsky (1970), formas com padrões sistemáticos e regulares são transformacionalmente geradas pela sintaxe, enquanto as que dependem de relações idiossincráticas são remetidas para o léxico. Dito de outra maneira, a derivação, por seu caráter imprevisível, é processada no Léxico, enquanto a flexão, por ser manipulada por fenômenos sintáticos, é aplicada *a posteriori*, na sintaxe.

O lexicalismo clássico estabelece distinção radical entre derivação e flexão: as duas morfologias estariam localizadas em diferentes partes da gramática.[5] Na proposta de Chomsky (1970), há algumas implicações do que podemos chamar de "morfologia diluída". Comentemos, a seguir, as principais consequências da afirmação feita em (iv).

Em primeiro lugar, se a flexão é relevante para a sintaxe, *outputs* de processos flexionais não podem ser listados no léxico, uma vez que esse módulo precede o sintático. A derivação, por outro lado, forma palavras novas e, em decorrência, tem *outputs* necessariamente catalogados no léxico. Com isso, o *output* de uma operação derivacional pode servir de *input* a outro processo dessa mesma natureza.

Em segundo lugar, se as operações lexicais precedem as sintáticas, afixos flexionais têm de ser mais externos que derivacionais, sendo adjungidos após sufixos ou antes de prefixos. Em outras palavras, a posterioridade da sintaxe (onde operaria a flexão) traz consequências diretas na linearização dos afixos em relação às bases.

Por fim, como a flexão é puramente sintática, não pode mudar a categoria lexical de uma palavra e tem de ser plenamente aplicável, haja vista ser naturalmente acionada por fenômenos como concordância e regência. Uma vez que a sintaxe não tem acesso à estrutura de formas derivadas, o que importa é a determinação da classe (não as possíveis camadas internas de mudança categorial).

A ideia apresentada em (iv) determina quase todos os traços diferenciais mostrados no primeiro capítulo. Infelizmente, como vimos, cada uma das previsões mencionadas pode ser derrubada por evidências de natureza variada. Se, por um lado, a proposta de Chomsky (1970) abre espaço para o estudo da morfologia na teoria gerativa, por outro, o tratamento da flexão no componente sintático não foi consensualmente aceito. Essa dissensão deu lugar a duas diferentes correntes de opiniões:

(a) a **hipótese lexicalista fraca**, na esteira de Chomsky (1970), Anderson (1982) e Scalise (1988), considera que a flexão não é processada no léxico, mas na sintaxe; e

(b) a **hipótese lexicalista forte**, com Halle (1973) e Bochner (1992), entre outros, considera que a flexão e a derivação igualmente operam no léxico.

Na primeira posição, a morfologia não constitui módulo autônomo, sendo, pois, domínio fragmentado e repartido por dois componentes da gramática: o léxico e a sintaxe. Na segunda, ao contrário, flexão e derivação são consideradas processos estritamente morfológicos, localizam-se no léxico e, por isso mesmo, precede a sintaxe.

Williams (1981: 246), situando-se na segunda corrente de opiniões, destaca que *o processamento da flexão e da derivação em diferentes componentes da gramática não é compatível com dados encontrados em diferentes línguas.* Em Williams (1981) e Lieber (1980), são encontrados vários argumentos contra o processamento sintático da flexão. Por serem válidos para o português, destacam-se os seguintes:

(a) não é inteiramente verdadeira a afirmação de que somente a flexão é relevante para a sintaxe, pois a categoria sintática e o gênero, que são sintaticamente relevantes, são propriedades determinadas por afixos derivacionais;

(b) à flexão podem estar associadas propriedades idiossincráticas, fonológicas ou semânticas, e paradigmas defectivos. Por isso, formas flexionadas devem figurar no léxico e estar relacionadas por regras de redundância idênticas às que relacionam derivados;

(c) há uma grande variedade de contraexemplos ao princípio da perificidade da flexão. Tais casos evidenciam que a derivação pode ser mais externa que a flexão.

Os dois primeiros aspectos foram amplamente discutidos no capítulo "Das diferenças entre flexão e derivação", no qual demonstramos que sufixos portam informação categorial e atribuem gênero. Também evidenciamos a existência de lexicalização e defectividade nos paradigmas da flexão. Para efeitos de discussão da hipótese lexicalista fraca, tomaremos por base o terceiro argumento apresentado: a precedência da derivação.

86 Iniciação aos estudos morfológicos

Ao defender o tratamento lexical da flexão, Rice (1985) mostra que vários afixos flexionais não ocupam posição externa e conclui que *alguma flexão regular tem de preceder a derivação* (p. 151). Levando em conta a diversidade de exemplos encontrados em várias línguas, Rice (1985: 161) afirma que *processos derivacionais podem selecionar ou operar com formas flexionadas*, demonstrando que a flexão tem de estar disponível no léxico.

Em português, o sufixo derivacional *-mente*, que forma advérbios a partir de adjetivos, é anexado a formas flexionadas em gênero, como se vê nos dados em (15). Assim, se assumirmos a hipótese lexicalista fraca, teremos de admitir que as construções x-*mente* são excepcionais nessa língua ou assumir que as formas femininas dos adjetivos, geradas na sintaxe, voltam para o léxico para participar desse processo de formação.

(15)
humanamente	claramente	certamente
equivocadamente	lindamente	alegadamente
distintamente	perfeitamente	estranhamente

As duas soluções são igualmente insatisfatórias, uma vez que a formação de advérbios em *-mente* é extremamente produtiva em português e não seleciona formas lexicalizadas. Se a formação de advérbios opera no léxico e a flexão de gênero na sintaxe, os dados em (15) revelam um paradoxo: a anexação de *-mente* é posterior à expressão do feminino, como a ordem dos formativos indica.

O mesmo se verifica com os sufixos de grau. Nos dados em (16), uma forma de plural funciona como *input* para a afixação dos sufixos diminutivo e aumentativo, fazendo com que a flexão de número seja recursiva nessas palavras, já que aparece antes e depois das bases.

(16)
aviõezinhos	caminhõezões
pãezinhos	mamõezões
balõezinhos	bocõezões

Em usos mais expressivos, também é possível recorrer à forma flexionada em gênero, como se vê nos dados da primeira coluna de (17). Observe que as formações x-*inho* implicam reaplicação da flexão de gênero (primeira coluna) ou de número (segunda):

(17) secretariazinha   leõezinhos
      aquelazinha   pãezinhos
      palidazinha   florezinhas
      prefeitazinha   mesezinhos

Como mostra Villalva (2000: 26), a ocorrência de flexão não periférica, em palavras como 'humanamente' e 'pãezinhos', não pode ser explicada por lexicalização[6] das bases nem *pelo facto de se tratar de flexão irregular*. Os dados em (15), (16) e (17) são exemplos de flexão interna que a hipótese lexicalista fraca não tem a menor condição de explicar, uma vez que separa a flexão da derivação por diferentes partes da gramática.

Outros processos derivacionais do português igualmente selecionam bases flexionadas. Na formação de adjetivos em -*vel*, por exemplo, o *input* é um tema verbal (em -*a* ou em -*i*), havendo, portanto, neutralização entre a 2ª e a 3ª conjugações. Confronte-se, em (18), a seguir, a primeira coluna (verbos de 1ª conjugação) com a segunda (verbos de 2ª e 3ª conjugações):

(18) comprável   entendível
      namorável   crível
      paquerável   construível
      gostável   cumprível

Novamente, temos um elemento morfológico (-*a*; -*i*) de difícil caracterização em português, uma vez que a representação morfológica do verbo é trazida para o adjetivo correspondente, que tem uma vogal temática precedendo um sufixo derivacional. Dados como os apresentados neste item demonstram que a flexão tem de estar disponível no léxico para a formação de novas palavras.

De acordo com Villalva (2000: 30), o processamento lexical da flexão constitui proposta mais interessante, na medida em que *permite um tratamento homogêneo dos processos de afixação* e consegue resolver, de modo mais satisfatório, *a existência de flexão irregular e paradigmas defectivos*. Numa interpretação em que os paradigmas da flexão são igualmente gerados no léxico, sem dúvida alguma é mais fácil resolver o problema da perificidade.

Processos morfológicos do português constituem evidências contrárias à hipótese lexicalista fraca, pois demonstram que a flexão e a derivação não obedecem a uma ordenação estrita e que bases flexionadas podem ser *inputs* de processos derivacionais. Em outras palavras, somente abordagens não separatistas conseguem dar conta da existência de derivações mais periféricas.

88 Iniciação aos estudos morfológicos

Para finalizar, voltemos aos processos fonológicos que acessam informações morfológicas. No item "Processos fonológicos em fronteiras morfológicas", vimos que a regra de ressilabificação é aplicada quando uma vogal dita nasal fica contígua à outra vogal, em fronteiras morfológicas. Constatamos que esse processo não acontece na sintaxe, uma vez que não opera entre palavras (cf. *irma[n]amiga). Se considerarmos que a flexão é processada na sintaxe, seremos forçados a admitir que a regra em questão é ativa tanto no léxico (na fronteira de derivados) quanto no pós-léxico (na fronteira de formas flexionadas) e, com isso, perdemos em generalidade. Ao contrário, se assumirmos que a flexão é lexicalmente processada, podemos afirmar que a ressilabificação da nasal é uma regra de natureza exclusivamente lexical, nunca se aplicando na sintaxe.

A fonologia lexical, modelo não linear que dá conta da interação dos processos de formação de palavras com as regras fonológicas, ofereceu importantes evidências contra o processamento sintático da flexão (cf., entre outros, Kiparsky, 1982; Booij & Rubach, 1985), reforçando ainda mais a hipótese lexicalista forte. Como vimos no item "Processos fonológicos em fronteiras morfológicas", operações fonológicas podem ser cegas às diferenças entre flexão e derivação, o que constitui forte evidência empírica contra a segregação das duas morfologias.

Fechando um ciclo (ou círculo?)

O fato de flexão e derivação se processarem no léxico nos leva a interpretá-las como operações não muito distintas. A falta de diferenças estruturais sugere que os contrastes entre afixos derivacionais e flexionais, se relevantes, são mais de natureza semântica que formal.

Tendo em vista que é extremamente difícil categorizar os afixos de uma língua a partir da inspeção aos critérios objetivos apresentados no primeiro capítulo, podemos assumir, com Bybee (1985), que a diferença entre as duas morfologias é de grau, apenas. Em outras palavras, flexão e derivação não envolveriam uma oposição discreta, mas gradiente, sendo interpretadas como um processo morfológico único, de natureza escalar ou contínua.

Para Bybee (1985), haveria uma expressão prototípica – a flexional – da qual operações se afastariam, em maior ou menor proporção, a depender do atendimento ou não às exigências impostas por esse tipo de expressão linguística. Um exemplo de aplicação dessa abordagem à descrição do português é encontrado em Piza (2001), que analisou o gênero, o número e o grau a partir de *continuum* morfológico. No próximo capítulo, apresentaremos a proposta de Bybee (1985) e discutiremos o *status* de afixos do português nesse tipo de enfoque.

NOTAS

[1] A relação apresentada no quadro em (01) deve ser interpretada apenas como ilustrativa, uma vez que há uma grande variedade de processos não concatenativos, como, entre outros, a fusão ('chafé') e a siglagem ('PT', de 'Partido dos Trabalhadores'). Em Gonçalves (2004), são apresentados e discutidos os vários processos não concatenativos do português.

[2] Circunfixos são afixos descontínuos. Nesse tipo de morfema, uma só unidade de expressão é dividida em frações, aparecendo em diferentes lugares da cadeia sintagmática. No seu interior, uma outra forma é incluída, tornando-a descontínua. Nos casos de parassíntese, um prefixo e um sufixo são adicionados simultaneamente a uma base para efeitos de mudança de classe. Como só há uma diferença de significado entre o derivado e o derivante, pode-se considerar a parassíntese como um caso de circunfixação, no qual há adição simultânea de elementos nas posições inicial e final. Uma vez que o afixo literalmente se divide em dois, no seu interior é anexada a raiz.

[3] Para simplificar a apresentação dos exemplos, optamos por não apresentar as transcrições fonéticas e fonológicas dos dados. Manteremos a transcrição ortográfica, colocando os sons em questão entre colchetes.

[4] No português contemporâneo, há variação entre *-ão* e *-on*. De fato, palavras como 'parmeson', 'salmon' e 'guidom' podem ser realizadas com ditongo nasal ou com vogal média posterior nasal em muitas áreas dialetais brasileiras.

[5] Em uma fase anterior da teoria gerativa (o modelo *Standard*), a morfologia foi caracterizada, por assim dizer, pela ausência: não se reconheceu um módulo morfológico autônomo, independente do fonológico ou do sintático. Processos derivacionais gerais, como a nominalização, foram tratados por meio de transformações sintáticas.

[6] Como vimos no item "Mudança de classe", do primeiro capítulo, a lexicalização ocorre sempre que uma forma perde a sua estrutura interna ou a integridade dos seus constituintes, qualquer que seja o fator que desencadeie esse fenômeno. Na lexicalização, há perda da composicionalidade morfológica.

O *continuum* flexão-derivação

Nos capítulos anteriores, constatamos que os critérios objetivos nem sempre fornecem distinção segura e eficaz porque (a) conduzem a agrupamentos contraditórios e (b) outras vezes caracterizam tanto o que distingue quanto o que aproxima a flexão da derivação. Podemos assumir, com Bybee (1985), que as diferenças entre as duas morfologias são de grau, somente. Nessa perspectiva, flexão e derivação constituiriam processo único, gradiente, e as operações morfológicas estariam dispostas ao longo de uma escala, cujos extremos seriam, na verdade, apenas protótipos.

Para implementar uma proposta que neutralize as diferenças entre flexão e derivação, é necessário formular um conjunto de princípios que determinem os significados flexionais possíveis, a ordem dos afixos no interior da palavra e eventuais fusões na expressão morfológica. Neste capítulo, apresentaremos as ideias de Bybee (1985) sobre o binômio flexão/derivação e os princípios de que a autora se vale para defender a prototipicidade na morfologia das línguas naturais. A seguir, aplicamos essa proposta ao português, analisando a estrutura e os significados das formas verbais.

Breve definição de protótipo

Para Bybee (1985), a categorização linguística se processa na base de protótipos (exemplares típicos, representantes modelares). A autora observa que membros de uma classe morfológica (no caso, a flexão) podem apresen-

92 Iniciação aos estudos morfológicos

tar atributos idênticos aos encontrados em representantes de outra classe (a derivação), sendo sutis as diferenças entre eles e, consequentemente, entre suas classes.

Para Taylor (1995), a prototipicidade é manifestação de duas propriedades fundamentais da categorização: a falta de identidade absoluta entre elementos de uma mesma classe e a flexibilidade desses elementos e dessa classe. As dificuldades de demarcar fronteiras entre representantes de uma categoria e entre categorias decorrem do fato de os atributos definidores não serem obrigatoriamente binários e os limites entre as categorias, nem sempre intransponíveis.

No que diz respeito à flexão e à derivação, há afixos mais centrais e outros mais periféricos no interior de cada uma dessas classes morfológicas. Desse modo, o protótipo pode se referir tanto ao membro central da categoria flexão quanto à representação esquemática do que se espera da derivação. A proposta de Bybee (1985) consiste na formulação de uma escala de prototipicidade e na identificação dos matizes caracterizadores dos exemplares modelares desses dois tipos de operação morfológica.

O comportamento irregular dos representantes de uma classe é chamado de gradiência (Taylor, 1995). Categorias linguísticas são definidas por um conjunto de atributos, que, no entanto, muitas vezes não se aplicam a todos os membros da classe. A tabela em (01), a seguir, ilustra o que entendemos por gradiência. Nessa matriz, são arrolados, nas colunas, os atributos (A, B, C, D) que caracterizam uma classe hipotética. Nas linhas, são listados quatro elementos (1, 2, 3, 4) que pertencem a essa classe. Observe-se que apenas a primeira forma apresenta-se como representante modelar da categoria, uma vez que satisfaz (+) todos os requisitos especificados na matriz:

(01)

	A	B	C	D
1	+	+	+	+
2	+	+	+	–
3	+	+	–	–
4	+	–	–	–

A matriz em (01) evidencia que determinados membros, por portar maior número de características da classe, são bem mais representativos que outros.

Podemos afirmar, com base na representação em (01), que a primeira forma é o protótipo e que a categoria em questão é escalar, uma vez que reúne elementos com menor grau de pertencimento ao conjunto.

A hipótese da relação nula entre afixo e significado: os morfes $\varnothing$

Contrariando a hipótese da relação nula entre afixos e significados (Peterson, 1979), Bybee (1985) sustenta a tese de que a manifestação morfológica é determinada pela natureza do conteúdo: há relação direta entre a informação semântica veiculada morfologicamente e os tipos de expressão com que esse significado se atualiza.

Bybee (1985) fornece evidências interlinguísticas de que distúrbios no mapeamento morfe-morfema não são inteiramente arbitrários. Para a autora, problemas de mapeamento forma-significado em morfologia, como o morfe $\varnothing$, são explicáveis do ponto de vista cognitivo e, por isso mesmo, a arbitrariedade envolvida na expressão morfológica é menor do que parece. Morfes $\varnothing$ – morfemas sem realização fonológica – revelam que a natureza do significado determina a ausência de formas como expoente da informação morfológica.

Categorias gramaticais básicas (ou cognitivamente mais simples) com frequência deixam de apresentar expressão formal nas línguas do mundo. Para Bybee (1985), a ocorrência de morfemas sem manifestação fonológica é psicologicamente motivada, uma vez que zeros caracterizam categorias não marcadas (Jakobson, 1966), ou seja, conteúdos gramaticais a partir dos quais outros podem ser explicitados.

Em português, o número singular, o gênero masculino, o tempo presente e a terceira pessoa do singular são significados gramaticais que não se realizam foneticamente. O morfe $\varnothing$ representa, em todos esses casos, os membros mais genéricos da categoria gramatical. Por exemplo, uma forma de masculino pode ser utilizada com referência a seres de ambos os sexos, como se observa em (02):

(02)   O gato é um animal mais arredio que o cachorro.

94 Iniciação aos estudos morfológicos

Em (02), a forma 'gato', por significar "uma espécie de felinos", não necessariamente veicula a ideia de masculino. O acréscimo do afixo -*a* tornaria a referência mais definida, caracterizando somente o animal do sexo feminino. Como zeros morfêmicos manifestam significados mais básicos, é natural encontrar formas com ∅ neutralizando oposições entre membros de determinada categoria gramatical. No exemplo a seguir, a forma verbal flexionada não expressa, sozinha, a ideia de tempo. Observe-se que um advérbio foi utilizado para assegurar a informação de futuridade:

(03)   Amanhã, eu <u>faço</u> o dever de casa.

Para Bybee (1985), zeros não constituem distúrbio no mapeamento morfemorfema porque são explicáveis do ponto de vista cognitivo e dão mostras de que a natureza do conteúdo determina a ausência de marcas morfológicas. Não é mera coincidência (ou obra do acaso) o fato de inúmeras línguas apresentarem os mesmos zeros: somente significados conceptualmente mais genéricos (não marcados) aparecem representados por ∅ nas línguas do mundo,[1] o que contraria a hipótese de Peterson (1979), para quem é inteiramente imotivada a relação entre forma afixal e significado.

Com o propósito de determinar os significados flexionais possíveis, é necessário, antes de qualquer coisa, descrever como conteúdos semânticos são combinados em unidades de expressão. É o que fazemos no próximo item.

Unidades de expressão e fusões de significado

Dois ou mais conteúdos podem materializar-se através de três tipos básicos de expressão linguística: a lexical, a flexional e a sintática. Essas espécies de manifestação formal não são discretas, pois existem expressões intermediárias (Bybee, 1985: 21), como veremos mais adiante. Antes, porém, caracterizemos, pelo grau de fusão, cada uma das formas de expressão analisadas por Bybee (1985).

Na **expressão lexical**, dois ou mais significados são veiculados num vocábulo monomorfêmico. Nesse caso, unidades de conteúdo são representadas lexicalmente numa só palavra, indivisível em partes mínimas significativas.

O *continuum* flexão-derivação **95**

É o que acontece, por exemplo, com o substantivo 'ladrão', que atualiza os conteúdos "agente" e "roubar", e com o adjetivo 'feio', caracterizado pela combinação dos significados "bonito" e "contrário". Em 'sambar' também há dois conteúdos semânticos fundidos numa só forma: "dançar" e "samba". Em (04), fornecemos outros exemplos de expressão lexical:

(04)
triste (alegre + negação)	horrível (feio + muito)
subir (andar + para cima)	cardume (peixe + grupo)
nora (sogro + feminino)	ótimo (bom + muito)

O segundo tipo de expressão é **a flexional**. Nesse caso, cada elemento semântico se manifesta numa unidade individual de expressão no interior de uma palavra morfologicamente complexa. Ao contrário do primeiro tipo de expressão, há, na flexional, reconhecimento de formas mínimas significativas, uma vez que a palavra pode ser fatiada em partes discretas de forma e conteúdo. Em 'livros', por exemplo, há dois significados ("livro" e "plural"), mas cada um se materializa numa unidade formal diferente – o primeiro na base nominal 'livro' e o segundo no afixo -*s*. Vejam-se outros exemplos de expressão flexional em (05):

(05)
administr-o	(administrar + eu + presente)
administra-ndo	(administrar + imperfectivo)
administrador-a	(administrador + feminino)

Há, por fim, **a expressão sintática** (ou perifrástica). Nesse último tipo, duas ou mais ideias são expressas em palavras independentes e separadas. Assim, 'dançar um samba' é a expressão sintática de 'sambar', da mesma forma que 'urso fêmea' é a expressão sintática de 'ursa'. Não há, nesses casos, qualquer tipo de fusão, uma vez que cada significado é representado por um item lexical distinto. Mais exemplos podem ser vistos em (06):

(06)
ficar pobre	(empobrecer)
conjunto de bois	(boiada)
fêmea do tigre	(tigresa)
irei cantar	(cantarei)

Por marcar regiões de um *continuum*, esses três meios de materialização não são discretos, havendo expressões intermediárias. Entre as expressões

96 Iniciação aos estudos morfológicos

flexional e perifrástica, ocorrem várias unidades com propriedades sintáticas e morfológicas, simultaneamente. Como vimos no primeiro item do capítulo "Das diferenças entre flexão e derivação", clíticos se assemelham às flexões por (a) formar uma classe fechada de elementos, (b) contrastar categorias gramaticais e (c) ocorrer numa posição adjacente ao verbo. No entanto, diferem das flexões porque são unidades soltas, isto é, não são partes constitutivas do verbo de que dependem.

Na classificação de Mattoso Câmara Jr. (1970), clíticos são formas dependentes, ou seja, são unidades que não podem funcionar sozinhas como comunicação suficiente, mas, em decorrência da mobilidade posicional, não são completamente presas à forma verbal em que se hospedam. Como as flexões, esse grupo de partículas forma uma classe fechada e veicula informação gramatical. Clíticos, portanto, são manifestações intermediárias entre as expressões flexional e sintática.

A derivação constitui expressão intermediária entre a lexical e flexional. De acordo com Bybee (1985: 12), a derivação se assemelha à expressão lexical porque seus elementos são *restritos na aplicabilidade e idiossincráticos na formação ou no significado*. Em comum com a expressão flexional, a derivacional também se caracteriza pela combinação de conteúdos numa única palavra segmentável em unidades mínimas significativas, como nos exemplos em (07):

(07)	boi-ada	(boi + grupo)
	escreve-nte	(escrever + agente)
	in-grato	(grato + negação)
	en-riqu-ecer	(rico + ficar)

Levando em conta o grau de fusão entre elementos semânticos e expressão linguística, Bybee (1985) chega à seguinte escala:

(08)

|------------- >> ------------- >> ------------- >> ------------- >> ---------------------|
Lexical   derivacional   flexional   clítica   sintática
>>>>> menor grau de fusão

Uma questão imediatamente se coloca quando observamos a representação em (08):[2] é possível fazer algum tipo de previsão quanto ao relacionamento entre conteúdo e expressão linguística? Em outras palavras, há algum tipo de motivação entre significado e meio de materialização?

As expressões intermediárias da escala em (08) não são totalmente arbitrárias no que diz respeito ao significado, isto é, não constitui inventário tão aberto o número de conteúdos com manifestação derivacional-flexional-clítica nas línguas do mundo. Esse número se reduz ainda mais quando observamos o centro da escala – a expressão flexional. Para Bybee (1985), há forte relação entre manifestação flexional e significado, o que justifica buscar princípios gerais que regulem esse tipo de expressão linguística.

Antes de levantar os princípios que determinam a expressão flexional, é necessário definir com precisão o que foi considerado flexão nas cinquenta línguas da amostra de Perkins que Bybee (1985) analisou. O que a autora considerou flexional corresponde ao que Mathews (1974) denominou de categoria morfossintática: conjunto de elementos semânticos mutuamente contrastantes que se aplica obrigatoriamente a todas as palavras de uma mesma classe sintática, como o número, nos nomes, e o tempo, nos verbos.

Determinantes da expressão flexional

O primeiro princípio que regula a expressão flexional é o da relevância, definido, por Bybee (1985: 13), da seguinte maneira:

(i)   **Princípio da relevância**: um elemento de conteúdo é relevante para outro se seu conteúdo afeta ou modifica diretamente o conteúdo do outro. A relevância, no entanto, depende de questões culturais.

Várias generalizações podem ser feitas a partir do princípio formulado em (i). Em primeiro lugar, a relevância condiciona o tipo de expressão que conteúdos combinados vão apresentar: lexical, morfológica (flexional ou derivacional) ou sintática. Em segundo lugar, a máxima apresentada em (i) evidencia não ser a relevância de caráter universal, pois, nas palavras de Bybee (1985), *depende da saliência cultural ou cognitiva*.

Quando dois conteúdos são altamente relevantes um para o outro, é provável que sejam representados lexical ou morfologicamente. Ao contrário, quando não são muito relevantes, é mais natural que a expressão utilizada seja a sintática, como se vê no esquema a seguir:

(09)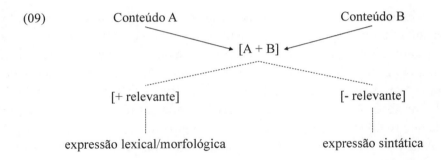

A noção de direcionalidade é altamente relevante para conteúdos verbais. Significados como "para cima", "para baixo", "para trás" e "para frente" são de extrema importância para verbos de movimento, como 'andar', por exemplo. Uma vez que esses conteúdos afetam ou modificam diretamente a ação verbal, encontramos, em (10), a seguir, expressões lexicais para a combinação desses significados com o de 'andar':

(10) subir   'andar para cima'
      descer   'andar para baixo'
      voltar   'andar para trás'
      seguir   'andar para frente'

O significado "companhia" não é tão relevante para o conteúdo de verbos, visto não se referir propriamente à ação/estado, mas aos participantes. Por isso, é mais provável que essa combinação seja representada sintaticamente. Expressões como "subir com Fulano", "descer na companhia de Beltrano" e "Beltrano e Sicrano voltaram" evidenciam que a combinação do significado de 'andar' com "companhia" se manifesta por expedientes sintáticos. Portanto, quanto mais relevantes os conteúdos, maior a probabilidade de expressão morfológica ou lexical. Em contrapartida, quanto menos relevantes os significados, menor a chance de atualização numa só unidade lexical, morfologicamente complexa ou não.

Como a relevância é relativa, dois significados são importantes um para o outro se *sua combinação nomeia algo com alta saliência cognitiva ou cultural* (Bybee, 1985: 14). Por esse motivo, diferentes padrões de lexicalização[3] são encontrados nas línguas do mundo, uma vez que os vocabulários não são isomórficos (Lyons, 1987). Condizente com a hipótese Sapir-Whorf, a relevância cria expressões lexicais não necessariamente idênticas de uma língua para outra.[4]

Em nossa cultura, o ritmo musical é altamente relevante para conteúdo "dançar" e, por isso, existem expressões lexicais caracterizadas pela fusão dos significados "dançar" e "ritmo", como constatam os dados em (11), a seguir. Se, por um lado, é relevante "o que se dança", por outro, é menos importante "onde se dança". O uso de estratégias sintáticas para representar essa última combinação de significados confirma a baixa relevância do conteúdo "local" para o conteúdo "dançar": "dançar em um show", "dançar em uma festa" ou "dançar na casa de alguém". Os verbos em (11) confirmam que os significados "dançar" e "estilo musical" aparecem fundidos numa só unidade de expressão:

(11) sambar   pagodear   lambadear   forrozear
      valsar   sapatear   salsar   merenguear

As expressões lexicais resultantes da fusão de "dançar" com a de "ritmo" evidenciam que o gênero musical é saliente na cultura brasileira. Em outras línguas, essa combinação é representada sintaticamente, a exemplo do inglês (por exemplo, 'to dance a jazz') e do espanhol ('danzar el merengue').

Criações analógicas também podem ser explicadas pelo princípio da relevância, como sugere Gonçalves (2003b). Por exemplo, em nossa cultura, o hábito de ingerir bebidas alcoólicas é bastante comum na comemoração de algum evento festivo. Como resultado dessa relevância recíproca, temos o item lexical 'bebemorar', que resulta da combinação dos significados 'beber' e 'comemorar'. Embora não seja estritamente monomorfêmico, no sentido de que apresenta mais de uma unidade formal, o neologismo 'bebemorar' é caracterizado pelo entranhamento de duas palavras, sendo consequência da relevância da noção de "beber" para a de "celebrar" em comemorações/festejos.

A qualidade do café também é importante em nossa cultura. Por isso, fraco ou forte são características que afetam diretamente o significado do item lexical 'café'. Como resultado dessa mútua relevância, temos o cruzamento vocabular 'chafé', denominação usada para café fraco, que mais se parece com chá.

Em resumo, a relevância é um princípio que pode determinar o tipo de expressão linguística, uma vez que significados reciprocamente importantes um para o outro tendem a se manifestar lexical ou morfologicamente. No entanto, é variável de uma língua para outra, tendo em vista que codifica entidades/ eventos salientes do ponto de vista cultural (Bybee, 1985: 14). Um segundo princípio que determina os significados flexionais possíveis é a generalidade, analisada no próximo item.

Generalidade e os tipos de expressão linguística

Com base em Bybee (1985: 18), podemos definir o princípio da generalidade da seguinte maneira:

(ii) **Princípio da generalidade**: Para ser flexional, o significado deve ser aplicável a todas as bases com mesma especificação lexical e obrigatoriamente ocorrer num contexto sintático apropriado.

Em (ii), está implícita a ideia de que, para ser flexional, o conteúdo semântico tem de ser mínimo, isto é, deve ser o mais geral possível para se aplicar a um grande contingente de formas da língua. Caso contrário, deixará células vazias e, com isso, acabará perdendo em generalidade. Na representação a seguir, faz-se uma previsão em termos de manifestação linguística: conteúdos mais específicos tendem a ser menos aplicáveis e a apresentar manifestação lexical ou derivacional, enquanto significados mínimos são de uso bastante generalizado e frequentemente se concretizam por afixos de natureza flexional.

(12)
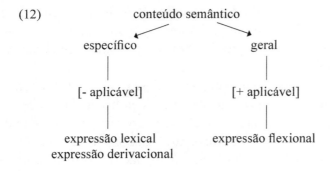

Vejamos se são corretas as previsões feitas em (12). A noção "direcionalidade" é relevante para o significado de nomes e verbos, uma vez que afeta ou modifica diretamente seu conteúdo. Por isso, itens monomorfêmicos podem representar lexicalmente a fusão desses conteúdos, como se vê nos pares em (13):

(13)	entrar/sair	fora/dentro
	subir/descer	acima/abaixo
	voltar/seguir	trás/frente

A noção de direcionalidade também se manifesta morfologicamente em português. Há uma série de prefixos com esse significado em nossa língua: '*intra-*' (para dentro), '*extra-*' (para fora), '*inter-*' (entre), '*sub-*' (abaixo) e '*supra-*' (acima). Um adjetivo como 'auricular' pode receber qualquer um desses afixos, sendo seu acréscimo responsável pela localização espacial de algo em relação à base presa 'auris', que significa "ouvido". Os dados apresentados em (14) confirmam a adjunção dos prefixos de direcionalidade ao adjetivo em questão:

(14)	inflamação	extra-auricular	(a que se dá na parte externa do ouvido)
	"	interauricular	(inflamação entre o ouvido e outro órgão)
	"	intra-auricular	(inflamação no interior do ouvido)
	"	supra-auricular	(a que se manifesta cima do ouvido)
	"	subauricular	(a que acontece abaixo do ouvido)

Embora relevante, o conteúdo "direcionalidade" é muito específico e, por isso, apresenta restrições de aplicabilidade. Os prefixos em questão têm produtividade limitada a nomes passíveis de localização espacial, não podendo ser anexados a um elevado número de bases para adquirir *status* flexional. Por exemplo, adjetivos atributivos, como 'bonito', 'feio', 'simpático' e 'elegante', entre inúmeros outros, não podem servir de base a essas prefixações. São agramaticais as formações em (15), uma vez que os significados dos prefixos não são compatíveis com os das bases a que se vincularam:

| (15) | *supra-bonito | *inter-simpático | *sub-feio |
| | *extra-elegante | *intra-alegre | *circun-generoso |

102 Iniciação aos estudos morfológicos

O princípio da relevância restringe a atuação da generalidade. Em outras palavras, a relevância minimiza os efeitos da generalidade, uma vez que significados extremamente relevantes podem não ser gerais o suficiente para se aplicar a todas as bases com mesma especificação categorial. Fundamentalmente, dois são os motivos que levam a essa limitação: (a) a relevância cria combinações de significado já representadas lexicalmente e (b) a fusão de conteúdos relevantes pode resultar em sentidos imprevisíveis.

A noção "contrário" ("o que não é x") é bastante relevante para o significado de adjetivos. Como resultado dessa relevância, há, em português, expressão morfológica para esse conteúdo – o prefixo '*in-*', que se aplica a todos os dados da primeira coluna de (16), a seguir, sempre com o mesmo significado. Apesar da aplicabilidade bastante geral, essa noção cria combinações de significado já manifestadas lexicalmente: tal significado é tão relevante para adjetivos que itens monomorfêmicos podem ser caracterizados por essa fusão, como se vê na segunda coluna de (16):

(16)   grato/ingrato   bonito/*imbonito = feio
         apto/inapto   magro/*imagro = gordo
         justo/injusto   alegre/*inalegre = triste
         útil/inútil   forte/*inforte = fraco
         perfeito/imperfeito   jovem/*injovem = velho

A afixação de *in-* a adjetivos como 'bonito' e 'magro' não é possível porque uma forma morfologicamente simples já aparece no léxico do português com igual combinação de significado (os antônimos 'feio' e 'gordo', respectivamente). O bloqueio (Aronoff, 1976; Basilio, 1980), discutido no item "Aplicabilidade" do capítulo "Das diferenças entre flexão e derivação", tem uma explicação interessante no trabalho de Bybee (1985): é fruto da relação entre relevância e generalidade, pois dá mostras da existência de elevados graus de fusão e, por isso mesmo, faz com que muitos processos produtivos apresentem restrições de aplicabilidade. Dessa forma, conteúdos relevantes deixam células vazias porque podem atualizar-se numa palavra indecomponível em unidades formais mínimas.

A causatividade ilustra a segunda situação comentada – a dos sentidos imprevisíveis. Extremamente relevante para o significado de verbos, a causatividade afeta diretamente o conteúdo expresso no radical dessa classe. Sua alta relevância nomeia ações substancialmente diferentes das previamente veiculadas. Como exemplo, podemos citar 'morrer' e 'matar'. Sem dúvida alguma, a ideia de morte está contida no segundo verbo que, adicionalmente, implica um agente ou uma causa. Por diferir no conteúdo causativo, esses dois verbos apresentam transitividade diferente. 'Matar', que seleciona um agente (o causador da morte) e um paciente (a vítima), é verbo de dois lugares, enquanto 'morrer' é verbo de apenas um lugar, pois pressupõe apenas um paciente.

A noção genérica de causa também está presente no par 'cair'/'derrubar'. Tanto 'cair' quanto 'derrubar' pressupõem uma queda, mas 'derrubar' seleciona um agente causador, como em 'o vento derrubou a árvore'. Pelos exemplos, podemos afirmar que a causatividade proporciona ações distintas, gerando conteúdos imprevisíveis, lexicalizados. De fato, 'cair' e 'derrubar' não parecem itens lexicais relacionados pela noção de causa, mas verbos sem relação direta de significado. Nas palavras de Bybee (1985: 18), *quando muitas palavras resultam de um processo lexicalizado, é extremamente difícil, para os falantes, aplicar as operações produtivamente, o que faz com que os processos percam sua generalidade.*

Há, portanto, duas grandes consequências de conteúdos muito relevantes: o bloqueio e a dificuldade de associação de formas. No primeiro caso, a relevância é visível em formas morfologicamente simples; no segundo, leva a palavras com sentido radicalmente diferenciado. Nos dois casos, há repercussão direta na generalidade, o que comprova estarem os dois princípios em constante interação.

Em resumo, relevância e generalidade são, para Bybee (1985: 17), *os determinantes da expressão flexional.* Para se manifestar flexionalmente, um conteúdo tem de ser relevante para o significado da base e deve ser mínimo, de modo que se aplique plenamente. No próximo item, focaremos um pouco mais a relação entre esses dois princípios.

Da interação relevância-generalidade

Em (iii), faz-se uma previsão dos significados flexionais possíveis a partir da interação relevância-generalidade:

(iii) **Relevância + generalidade**: Noções semânticas muito relevantes tendem a não ser de aplicabilidade geral. A relevância deve existir, mas não ser tão alta a ponto de produzir mudanças de significado que levem os processos em direção à lexicalização (Bybee, 1985: 19).

Por (iii), podemos afirmar que conteúdos com mais chance de expressão flexional são os que ocupam posições mais centrais na escala de relevância – parâmetro naturalmente gradual (Bybee, 1985: 20). Se, por um lado, a relevância não pode ser baixa, a ponto de levar à expressão sintática, por outro, também não pode ser tão alta, de modo que não seja aplicável em larga escala, limitando-se em generalidade. A figura em (17) ilustra a interação generalidade/relevância.

(17)

Pela representação em (17), um significado deve apresentar relevância média e alto grau de generalidade para ser categorizado como flexional. Na expressão lexical, há uma relação inversamente proporcional entre relevância e generalidade, pois altos graus de relevância implicam baixa aplicabilidade. Na expressão sintática, a falta de generalidade é fruto do pequeno grau de relevância entre os significados que se combinam. Por fim, a diferença entre as expressões lexical e derivacional é de generalidade, apenas. Como se observa, somente a derivação e a flexão deixam de apresentar valores absolutos nos dois parâmetros: a primeira apresenta aplicabilidade parcial, e a segunda, relevância média.

A interação relevância/generalidade possibilita entender melhor as diferenças entre os vários tipos de expressão linguística. Além disso, determina a ordem dos afixos no interior da palavra e também serve para graduar os significados expressos morfologicamente em termos de frequência de expressão flexional ou derivacional nas línguas do mundo.

Em relação à ordem, afixos mais relevantes aparecem mais próximos da base, como vimos no item "Excludência e recursividade" do capítulo "Das diferenças entre flexão e derivação". Nos nomes, a concatenação dos formativos evidencia diferentes graus de relevância dos afixos para com a base. Sufixos de grau sempre sucedem quaisquer outros sufixos, pois modificam menos o conteúdo das bases. No entanto, precedem os de gênero e número, nessa ordem, como mostra o esquema em (18):

(18)

—	sufixo agentivo	sufixo de grau	sufixo de gênero	sufixo de número
fofoqu	*eir*	*inh*	*a*	*s*

Mesmo em situações não expressivas, sufixos de grau veiculam avaliação subjetiva do falante a respeito de algo ou alguém, ao passo que os de gênero e de número envolvem avaliação sempre objetiva.[5] Por isso, o grau é mais relevante que o gênero e que o número, localizando-se o afixo mais próximo da base nas estruturas morfológicas do português.

O significado "ser do sexo feminino" tem maior relevância para o nome que conteúdo "mais de um". Isso porque o gênero afeta mais diretamente o conteúdo da base que o número: a indicação precisa do sexo modifica a referência, enquanto a de pluralidade não chega a alterar a identidade do referente (Bybee, 1985: 23).[6] Evidências concretas de que o gênero é mais relevante que o número são apresentadas no item "Fusões de significado nas unidades morfológicas", na qual analisamos o fenômeno da fusão.

Pela representação feita em (18), constata-se que a ordem realmente revela variados graus de relevância dos afixos em relação à base. Nos nomes, há um *continuum* regressivo de relevância do grau para o número, conforme o ordenamento dos elementos morfológicos indicia. Nos verbos, a ordem igualmente reflete diferentes graus de importância do significado dos afixos para o das bases, como veremos mais adiante.

A afirmação feita em (iii) também respalda diferenças interlinguísticas nas formas de expressão de significados gramaticais. Bybee (1985: 43) demonstra que a causatividade é expressa flexionalmente em línguas como o japonês e o turco, nas quais afixos promovem distinções sistemáticas entre usos causativos e não causativos de verbos. Sua alta relevância para o conteúdo do verbo, no entanto, pode resultar em ações radicalmente diferentes e gerar conteúdos imprevisíveis, lexicalizados. Esse fato justifica a baixa frequência – pelo menos no *corpus* constituído por Perkins – de expressão flexional para a causatividade, que tende a se manifestar lexicalmente na grande maioria das línguas.

106 Iniciação aos estudos morfológicos

Algumas categorias, por outro lado, raramente deixam de apresentar expressão morfológica. Tal é o caso, por exemplo, do número, que exibiu comportamento flexional em 48 das 50 línguas analisadas por Bybee (1985). Essa alta frequência de manifestação flexional provém da elevada generalidade dos significados veiculados pelo número ("um", "dois", "mais de um") e da relevância média para com o conteúdo das bases.

Cabe mencionar, ainda, dos casos de fusão de vários significados gramaticais numa única forma de expressão. Bybee (1985: 36) formula uma hipótese acerca dos efeitos morfofonêmicos da base sobre os afixos flexionais e vice-versa. Trataremos disso no próximo item.

Fusões de significado nas unidades morfológicas

De acordo com Bybee (1985: 36), fusões de diferentes naturezas possibilitam estabelecer a seguinte generalização:

(iv) **Fusão na expressão morfológica**: Se o significado de um afixo flexional é altamente relevante para a base, é provável que a expressão de superfície muitas vezes revele fusão das unidades semânticas numa só forma indecomponível. Por outro lado, significados flexionais menos relevantes têm menor associação com o radical e tendem a não aparecer fundidos com ele.

A hipótese aventada em (iv) deve ser testada no âmbito dos efeitos que tem uma categoria gramatical sobre a representação de superfície do radical. Essa premissa dá conta não dos casos em que a mudança na base é explicada fonologicamente, mais fáceis de resolver em modelos que privilegiam a forma, em detrimento do conteúdo, como o estruturalismo e o gerativismo. A assunção em (iv), ao contrário, intenta observar o comportamento de alomorfias sem condicionamento fonológico, isto é, das variações na base ou no afixo que não se justificam do ponto de vista segmental.

Por fusão, devemos entender (a) o uso de raízes supletivas, (b) os casos em que o radical incorpora noções gramaticais ou, ainda, (c) a escolha do alomorfe flexional por classes morfológicas. No primeiro caso, formas inteiramente dessemelhantes atualizam dois ou mais conteúdos e se relacionam léxico-semanticamente. No segundo, radicais contém informações gramaticais de natureza variada. No último, afixos flexionais diferentes podem ser selecionados em função de paradigmas morfológicos.

De acordo com (iv), significados gramaticais mais relevantes se caracterizam por um contingente maior de casos de fusão. Ao contrário, quando um conteúdo apresenta baixa relevância para o significado da base, são menos frequentes os três tipos de situações acima comentados. Essa expectativa se confirma em português, pois são encontrados mais casos de fusão nos afixos posicionados mais próximos do radical, como o de gênero feminino, nos nomes, e o de tempo/modo/aspecto, nos verbos.

Em relação ao gênero e ao número – que são categorias inerentes cuja informação do controlador é repassada aos alvos (ver item "Relevância sintática" do capítulo "Das diferenças entre flexão e derivação") –, a relevância pode ser medida em termos de frequência de expressão lexical. Em português, há um conjunto de femininos monomorfêmicos que se relacionam, no léxico, a masculinos sem qualquer vínculo formal. 'Vaca', por exemplo, representa lexicalmente a fusão dos conteúdos "touro" e "feminino". Nos dados em (19), são listados vários exemplos de expressão lexical para o feminino:

(19)

nora	égua	cadela	cabra
madre	amazona	mulher	fêmea
diva	aliá	sóror	atriz

Todas as formas em (19) podem ser consideradas supletivas, na medida em que suprem a falta de correspondência morfológica para a expressão do feminino. Por exemplo, o substantivo masculino 'genro' não apresenta variação formal para o feminino ('*genra'), mas 'nora', uma raiz diferente, possibilita estabelecer a mesma relação semântica que existe no par 'tio'/'tia'. Os itens lexicais apresentados em (19) amalgamam a noção de "ser do sexo feminino" com os significados veiculados nos radicais masculinos correspondentes. Dessa maneira, uma palavra como 'égua' mescla os conteúdos "cavalo" e "fêmea" numa unidade que não se decompõe em morfemas.

Casos de expressão lexical com categoria número são bem mais raros, se é que existem em português.[7] Como o léxico dispõe de um contingente de formas com fusão para o gênero e parece não apresentar para o número, podemos afirmar que essa última categoria é menos relevante para o significado do nome. A posição mais periférica do sufixo de plural reforça essa tese.

108 Iniciação aos estudos morfológicos

Nos verbos, a fusão é mais visível nos vários casos em que o radical incorpora noções gramaticais. Por exemplo, diferentes realizações da raiz 'caber' apontam para fusões de tempo/modo/aspecto na própria base, como em 'coube' (pretérito perfeito do indicativo) e 'cabia' (pretérito imperfeito do indicativo). O mesmo raciocínio pode ser encaminhado a 'trazer', 'fazer' e 'ser', entre inúmeros outros verbos irregulares. A título de ilustração, vejamos, em (20) a seguir, as diferentes formas de raiz do verbo 'por':

(20) /poN/   ponho, põe, ponha, ponhamos
     /puN/   punha, púnhamos, punham
     /puS/   puséramos, pusemos, puséssemos, puser
     /poR/   porei, poríamos, poremos, poria

Em (20), optamos por representar fonologicamente as diferentes formas de raiz do verbo 'por' para salientar que o desenvolvimento da nasal, nas duas primeiras linhas, resulta de uma regra de ressilabificação parecida com a que descrevemos no capítulo "Das semelhanças entre flexão e derivação" (item "Processos fonológicos em fronteiras morfológicas"). O mesmo acontece com os dados da terceira linha, nos quais a sibilante, além de preencher a posição de *onset* da sílaba seguinte, é realizada como sonora (/z/). Essas diferenças, por serem previsíveis pela própria concatenação dos elementos morfológicos, não nos interessam no momento, pois queremos mostrar que as bases manifestam significados lexicais e gramaticais, simultaneamente.

A forma /puN/, além de veicular a informação de "colocar, agrupar, botar", também expressa a noção de tempo, haja vista ser usada somente no imperfeito do indicativo. A mesma afirmação vale para a variante /poN/, que sempre se associa ao presente, nos modos indicativo, subjuntivo e imperativo.[8] Assim, formas com a sílaba <po> seguida de nasal palatal, como 'ponho', ou de semivogal, como 'põe', mesclam o significado "por" com o de "tempo presente", de modo que o conteúdo gramatical aparece fundido com o lexical. Como todas as formas verbais com /poN/ remetem ao presente, essa noção de tempo figura no próprio radical do verbo.

Formas com /poR/ sempre veiculam a noção de futuro (do presente ou do pretérito, nos modos indicativo e subjuntivo). Por fim, /puS/ associa-se ao pretérito perfeito e ao mais-que-perfeito. Portanto, as várias realizações da raiz expressam tempo/modo/aspecto, significados relevantes para o conteúdo do verbo. São mais raras fusões com as categorias número e pessoa, dada sua baixa relevância para o evento ou o estado verbais. Quando fundidos numa forma morfologicamente simples, esses significados são também amalgamados com o tempo e com o modo. Observem-se os exemplos em (21):

(21) é (3ª p. do sing. + presente + indicativo)
fui (1ª p. do sing. + pretérito perfeito + indicativo)
pôs (3ª p. do sing. + pretérito perfeito + indicativo)

Uma vez que número e pessoa são categorias que se referem não ao conteúdo do verbo, mas aos participantes, é menos provável sua manifestação na própria base. A posição mais externa na estrutura morfológica do verbo e o baixo contingente de fusões constituem reflexo da baixa relevância das noções de pessoa e número para o significado do verbo. A relevância, portanto, tem consequências tanto na linearização dos formativos quanto na fusão de conteúdos lexicais com gramaticais.

Resta considerar, ainda, da escolha do alomorfe por classes morfológicas. Essa situação é observada apenas nos paradigmas verbais, uma vez que o português não apresenta declinações para os nomes. De acordo com Bybee (1985), significados gramaticais mais relevantes podem ser representados por variantes formais sem condicionamento fonológico. Tal é o caso da distribuição entre -va e -ia, marcas de imperfeito do indicativo. Como destacamos no primeiro capítulo, a primeira forma é anexada a verbos de primeira conjugação, enquanto a segunda se aplica a verbos das demais classes. Essa distribuição não acontece com as categorias número/pessoa, que são menos relevantes para o verbo que tempo/modo/aspecto. De fato, não há variação alomórfica nas desinências número-pessoais que se justifiquem pela existência de diferentes classes de conjugação.

Os fatos apresentados ao longo deste item confirmam a hipótese estabelecida em (iv): a fusão constitui reflexo de diferentes graus de relevância: significados flexionais mais importantes para a base apresentam expressões de superfície com maior número de formas com fusão (expressão lexical, cumulação ou alomorfia condicionada morfologicamente).

No próximo item, descreveremos os significados gramaticais mais comumente veiculados nos verbos, explicitando quais têm mais chance de materialização flexional. Especial relevo será dado à ordem dos afixos e às formas de manifestação.

Significados verbais:
relevância e generalidade

De acordo com Bybee (1985: 24-7), os significados geralmente expressos flexionalmente nos verbos são – em ordem decrescente de relevância – valência, voz, aspecto, tempo, modo e concordância. Suas previsões dão conta (a) da frequência com a qual essas noções adquirem manifestação flexional nas línguas do mundo, (b) da existência de padrões gerais de lexicalização e (c) da ordem dos afixos na estrutura do verbo, quando mais de um significado se expressa morfologicamente. Primeiramente, vejamos a atuação da relevância em cada uma das categorias elencadas.

A valência diz respeito ao número e ao papel dos participantes na ação veiculada pela base verbal, determinando a quantidade de argumentos que deve ser projetada para a sentença (zero, um, dois ou três). Dessa maneira, mudanças na valência são altamente relevantes para a base verbal, uma vez que afetam ou modificam diretamente seu conteúdo.

Quando um verbo é causativo, por exemplo, dois argumentos frequentemente são levados para a sentença: o sujeito (que será agente ou instrumento) e o objeto direto (caracterizado como paciente), como acontece com 'matar', ao qual já nos referimos no item "Generalidade e os tipos de expressão linguística". Esse verbo é bivalente e, por isso, requer dois argumentos, como em 'Fulano matou Sicrano' ou 'o cigarro matou Beltrano'.

Por sua vez, a categoria voz serve para expressar a maneira pela qual sentenças alternam a relação entre sujeito e objeto. Nas palavras de Hauy (1992: 7), voz *é a forma em que o verbo de ação se apresenta para indicar se o sujeito pratica ou sofre a ação verbal*. Por esse motivo, distinções de voz são relevantes não só para o conteúdo do verbo, mas também para seus argumentos. Na verdade, mudanças de voz afetam a perspectiva da sentença, pois, na ativa, coloca-se em primeiro plano o agente, enquanto, na passiva, é o paciente o termo posto em evidência, conforme se observa em (22) e (23), respectivamente:

(22) O pivete saqueou o pobre velhinho.

(23) O pobre velhinho foi saqueado pelo pivete.

O *continuum* flexão-derivação **111**

De acordo com Castilho (1968: 14), o aspecto – por sinalizar *diferentes maneiras de encarar a constituição temporal interna de uma situação* – representa *a visão objetiva da relação entre o processo e o estado expressos pelo verbo e a ideia de duração e desenvolvimento* (Comrie, 1976: 3). Como o aspecto não faz referência aos participantes, afeta exclusivamente a ação ou o estado descrito pelo verbo. Perfectivo e imperfectivo são significados aspectuais. No primeiro, tem-se ênfase na conclusão/término de um evento, enquanto no segundo ganha destaque o processo, como se constata em (24) e (25), nessa ordem:

(24) Fulano estudou muito para o concurso. É surpreendente não ter obtido aprovação.

(25) Fulano estudava muito para o concurso. É surpreendente não ter obtido aprovação.

Visto como entidade referencial, o tempo é uma categoria linguística que marca a posição cronológica dos fatos, tomando como ponto de partida o ponto dêitico da enunciação, o tempo $\varnothing$, não marcado, o presente. Para Bybee (1985: 22), *distinções de tempo não são diretamente relevantes para o conteúdo do verbo*, uma vez que estar no presente, no passado ou no futuro não altera o significado inerente do verbo, como se observa em (26), (27) e (28), em que o conteúdo "namorar" não é diretamente modificado com a indicação cronológica:

(26) Namoro Felizberta.

(27) Namorei Felizberta.

(28) Namorarei Felizberta.

O modo revela o ponto de vista do falante acerca do evento expresso na base verbal (Crystal, 1985). Por isso, inclui expressões de atitude subjetiva do emissor quanto à verdade da proposição: indicativo, subjuntivo e imperativo são diferentes maneiras de encarar a situação descrita na base verbal. Como o tempo, o modo também é menos relevante que o aspecto, uma vez que não afeta diretamente o conteúdo do verbo, mas a perspectiva do falante quanto à proposição. Vejam-se (29), (30) e (31), que veiculam, nessa ordem, asserção, dúvida e comando:

(29) Beltrano namora Felizberta.

(30) É provável que Beltrano namore Felizberta.

(31) Namore Felizberta, Beltrano!

Por fim, elementos de concordância não remetem à situação descrita no verbo, mas aos participantes, como já ressaltamos anteriormente. Dessa forma, a concordância é, entre as categorias analisadas, a menos relevante, haja vista não afetar nem o conteúdo nem a situação da base verbal. A concordância geralmente inclui distinções de pessoa (1ª, 2ª e 3ª), de número (singular, plural e dual) e de gênero (masculino, feminino e neutro). Além disso, pode caracterizar o sujeito ou o objeto.[9] Em (32) e (33), o conteúdo, a situação e a perspectiva não se alteram com a indicação precisa dos participantes do evento verbal:

(32) Eu encontrarei Beltrana na festa de Sicrana.

(33) Eu e Fulana encontraremos Beltrana na festa de Sicrana.

Os principais significados expressos nos verbos podem ser graduados pelo princípio da relevância, pois não têm o mesmo *status* frente à base: há relações mais relevantes, como as de valência, que alteram substancialmente o conteúdo do verbo, e outras menos significativas, como as de concordância, que sequer fazem referência à situação descrita no radical. Portanto, é possível chegar à seguinte escala:

(34)
[+ relevante]	>	>	>	>	>	>	[- relevante]
valência	voz	aspecto	tempo		modo		concordância
(conteúdo e participantes)		(conteúdo)	(situação)		(situação)		(participantes)

A partir de (34), várias previsões podem ser feitas. Em primeiro lugar, é provável que haja mais casos de expressão lexical com valência e voz, localizadas à esquerda do *continuum*, que com modo e concordância, posicionados mais à direita. Em segundo lugar, há mais chances de materialização flexional nas categorias que ocupam posições centrais na escala, nas quais a relevância existe, mas tão alta, a ponto de promover lexicalizações e, com isso, apresentar restrições de aplicabilidade. Além disso, é provável que noções mais relevantes, se expressas morfologicamente, figurem mais próximas da base. Por fim, é mais natural encontrar casos de fusão nos significados à esquerda do *continuum*.

No próximo item, conferiremos se as previsões feitas a partir de (34) real-mente se confirmam nos verbos do português. Checaremos as hipóteses de Bybee, analisando as seis categorias descritas no presente item: valência, voz, aspecto, tempo, modo e concordância.

Estrutura e significados verbais em português

Em linhas gerais, as previsões de Bybee (1985) se confirmam em português, revelando forte atuação dos princípios **relevância** e **generalidade** na morfologia dos verbos. Comentemos brevemente cada uma das categorias descritas no item anterior.

Como a valência é extremamente relevante para o conteúdo dos verbos, pares de formas se diferenciam pela transitividade em nossa língua. Além de 'morrer' e 'matar', já discutidos no item "Generalidade e os tipos de expressão linguística", há uma série de verbos que se opõem quanto à causatividade. Por exemplo, 'nascer'/'conceber' e 'crescer'/'aumentar' são formas que contrastam em termos de valência: os primeiros elementos de cada par são monovalentes, enquanto os últimos, por implicarem um fazer (Fernandes, 1989), são necessariamente bivalentes. O conteúdo dos primeiros aparece nos segundos, que, adicionalmente, pressupõem um agente (humano ou não).

Como a voz é relevante para o conteúdo verbal, espera-se que expressões lexicais revelem distinções dessa natureza. De fato, 'dar' e 'receber' não diferem quanto à valência, mas em relação à perspectiva que se tem de quem se beneficiou da oferta: 'João deu o livro a Pedro' e 'Pedro recebeu o livro de João' são sentenças equivalentes em termos de significado e ambos os verbos podem ser considerados trivalentes. No entanto, 'dar' focaliza o agente, ao passo que 'receber' põe em primeiro plano o beneficiário.[10] O mesmo acontece com 'vender'/'comprar' e 'emprestar'/'devolver', entre inúmeros outros. Esses pares evidenciam que, em função da alta relevância dos conteúdos voz e valência, radicais verbais contrastam em termos de perspectiva agente/paciente e em função da transitividade.

114 Iniciação aos estudos morfológicos

Casos de expressão lexical são mais raros nas categorias menos relevantes para o conteúdo do verbo. Não parece haver, em português, pares de verbos que se diferenciem em função do tempo, do modo ou da concordância. O aspecto – por ser uma categoria com alta relevância para o conteúdo de bases verbais – apresenta comportamento bastante diversificado na língua, como comentaremos mais adiante.

Uma questão que se coloca quanto à alta relevância de valência e da voz é a generalidade. Os conteúdos veiculados por essas categorias não têm aplicabilidade plena, pois a ideia de causa, por exemplo, não é obrigatória nos verbos. O mesmo pode ser dito em relação à voz. Como vimos, a voz é relevante em eventos nos quais a perspectiva agente/paciente se altera. Dessa maneira, somente verbos transitivos são suscetíveis de modificação quanto à voz. Verbos intransitivos, como 'chover', 'gaguejar' e 'haver', não podem ser modificados por essa categoria. Vejam-se os exemplos em (35), todos agramaticais:

(35)   *Foi chovido muito ontem.
       * Beltrano foi gaguejado.
       *Foi havido por Sicrano.

Como os significados com mais chance de apresentar manifestação flexional possuem relevância média (Bybee, p. 29), a representação feita em (34) nos faz pressupor que aspecto, tempo e modo – as categorias mais centrais da escala – sejam candidatos oficiais à expressão flexional nas línguas do mundo. Para o português, essa previsão é verdadeira, mas devemos incluir também a concordância.[11]

É tacitamente aceito que tempo e modo são flexões do verbo (Mattoso Câmara Jr., 1970; Kehdi, 1987; Monteiro, 1987; Laroca, 1994). A inclusão do aspecto, no entanto, nem sempre é assumida explicitamente. Nas gramáticas normativas (Cunha, 1975; Rocha Lima; 1975; Luft, 1979), não se faz qualquer menção ao aspecto. Mesmo manuais de morfologia (Freitas, 1998; Koch & Souza e Silva, 1987) e dicionários de linguística (Crystal, 1985) tendem a ser negligentes quanto ao comportamento dessa categoria em português. Jota (1976: 45), por exemplo, afirma que o aspecto *não chega a constituir categoria (...)*, pois *o caráter temporário da ação do verbo é de importância secundária em nossa língua.*

É inegável que esse aspecto se manifesta flexionalmente na morfologia do verbo, pois a diferença entre pretérito perfeito e pretérito imperfeito não é de tempo, haja vista que, em ambos os casos, o que se tem é referência a um evento passado. No primeiro caso, esse evento é visto como plenamente concluído e, no segundo, como cursivo. Dessa maneira, -va não é uma desinência só de tempo e modo, como sugerem as gramáticas tradicionais e muitos manuais de morfologia, mas de aspecto, tempo e modo, apresentando-se, pois, como arquicumulativa em português – o termo é de Gleason Jr. (1961).

Outro contraste que comprova ser o aspecto uma categoria expressa flexionalmente em português é o que se dá entre particípio passado e gerúndio. Essas formas nominais não veiculam informação temporal, uma vez que nada informam a respeito do momento da enunciação. A diferença é de aspecto, pois o gerúndio expressa processo, enquanto o particípio expressa estado (ou resultado de um processo). O uso do gerúndio, nas sentenças em (36) a seguir, comprova que a forma 'cantando' é neutra em relação ao tempo e ao modo:

(36) Fulano esteve cantando na semana passada.
Fulano está cantando hoje.
Fulano estará cantando às nove horas da noite.
É provável que Fulano esteja cantando no momento.
Quando Fulano estiver cantando, fale baixo.

As oposições pretérito perfeito/pretérito imperfeito e gerúndio/particípio evidenciam que o aspecto é uma categoria que se atualiza no verbo. Nos dois casos, as diferenças aspectuais são expressas flexionalmente, pois se aplicam a todos os itens da classe, tendo, portanto, alta generalidade.

Como o aspecto é mais relevante para o verbo que o tempo e o modo, espera-se encontrar mais casos de expressão lexical para essa categoria. Sem sombra de dúvida, o aspecto é bem marcado lexicalmente e, por isso, não são poucas as formas verbais que incorporam significados aspectuais. As noções mais comumente encontradas nos verbos são as seguintes (Travaglia, 1981; Borba, 1991):

(a) **Incoação**: explicitam-se tanto o início quanto o desenvolvimento do evento, mas não seu término. O significado incoativo (ou inceptivo) pode ser parafraseado por "estar x-*ndo*". 'Progredir', 'desenvolver' e 'crescer' são formas que incluem referência à constituição temporal interna do fato e, em função disso, apresentam o traço [+ durativo];

116 Iniciação aos estudos morfológicos

(b) **Reiteração**: esse significado leva o evento verbal a ser marcado pela ideia de repetição/hábito. Por esse motivo, a paráfrase mais apropriada é "fazer X continuamente". Verbos como 'permanecer', 'fumar' e 'costumar' são marcados pela ideia de ação continuada no tempo;

(c) **Pontualidade**: o evento verbal é visto como fato instantâneo, pontual, sem qualquer possibilidade de continuação no eixo temporal. 'Cair', 'falecer' e 'acabar' são considerados pontuais (aorísticos), haja vista expressarem o momento final de um processo.

Além da representação em itens lexicais monomorfêmicos, o aspecto atua na morfologia derivacional. Nesse caso, a expressão se restringe a sufixos e circunfixos, pois prefixos não são marcadores de informações aspectuais – exceção feita a *re-*, que indica reiteração (repetição do fato verbal, como em 'refazer'). Determinados afixos verbais, adicionalmente à função de alterar a categoria lexical da base, apontam para diferenças de aspecto. Dos três significados acima, o primeiro, incoação, é o mais recorrente. Elementos descontínuos, como /eN ... ecer/, anexam-se a bases adjetivas para explicitar mudança de estado (físico ou psicológico), como acontece em 'entristecer', 'envelhecer' e 'emagrecer', entre outros.[12] Nesses verbos, a mudança de estado é contínua, tornando o processo gradual e prolongado. Podemos afirmar, portanto, que a circunfixação em /eN ... ecer/ apresenta o traço [+ durativo], o mesmo que caracteriza o gerúndio e o pretérito imperfeito.

De acordo com Sandmann (1989), *-izar* é o sufixo mais produtivo na formação de verbos. Tal como /eN ... ecer/, *-izar* atualiza imperfectividade, uma vez que 'informatizar' e 'problematizar', por exemplo, são eventos que pressupõem continuidade. As formas x-*izar* podem ser parafraseadas por "passar pelo processo de pôr x em execução". Como a ênfase está no início da ação (não no término), *-izar* pode ser considerado sufixo aspectual incoativo. Vejam-se mais dados em (37):

(37)

fragilizar	comercializar	amortizar	contabilizar
cotizar	ridicularizar	moralizar	suavizar
mobilizar	disponibilizar	fertilizar	generalizar

Por sua maior relevância, o aspecto tem alcance morfológico maior que o tempo no verbo: atua na flexão e na derivação. Apesar de mais relevantes para o lexema verbal, os significados aspectuais não apresentam alto grau de aplicação às formas da língua e, com isso, perdem em generalidade. Por exemplo, -*izar* não pode ser considerado flexional porque tem restrições de aplicabilidade: só pode ser anexado a bases passíveis de sofrer algum tipo de processo. Dessa maneira, nem todo substantivo pode ser transformado em verbo com o acréscimo de -*izar*, o que impede o afixo de adquirir *status* flexional na língua. Por exemplo, nomes como 'livro', 'anel' e 'cinzeiro' não funcionam como bases para a afixação de -*izar*. Por serem menos relevantes, os significados temporais são menos restritivos e, por isso mesmo, não apresentam restrições de aplicabilidade.

Em relação à ordem, vimos frisando que afixos mais relevantes aparecem mais próximos da base. É bem conhecida a fórmula utilizada por Mattoso Câmara Jr. (1970) para representar a estrutura dos verbos regulares. Em (38), a seguir, a posição dos afixos revela forte atuação do princípio da relevância, uma vez que as desinências de tempo/modo (DMT), bem mais relevantes para o lexema verbal que as número/pessoa (DNP), de fato se localizam mais próximas da raiz.

(38)

Tema		Flexão	
√	VT	DMTA	DNP

Pelo esquema apresentado em (39), a seguir, podemos afirmar que a ordem também evidencia maior relevância do aspecto, haja vista que as noções veiculadas por sufixos e circunfixos integram o tema verbal. Uma forma como 'informatizaremos', decomposta como em (39), comprova que elementos mais relevantes se aproximam mais da raiz:

(39)

Tema			Flexão	
√	Aspecto	VT	DMT	DNP
informat	*iz*	*a*	*re*	*mos*

A sequenciação linear dos formativos no interior da palavra ganha destaque quando levamos em conta o princípio da relevância. Não é obra do

118 Iniciação aos estudos morfológicos

acaso o fato de afixos aspectuais precederem os elementos de tempo/modo e concordância. Também não é arbitrária a maior distância das desinências de número/pessoa: há forte relação de dependência entre o significado do afixo e a posição por ele ocupada. Se a relevância determina a ordem, a morfotática passa a ter papel preponderante na descrição do componente morfológico, uma vez que a posição dos afixos reflete diferentes graus de importância para o significado da base.

Por serem finais, as marcas de concordância têm alcance mais restrito no verbo, sendo menos relevantes e menos aplicáveis. Vimos no capítulo "Das diferenças entre flexão e derivação" (item "Aplicabilidade") que as terminações de número/pessoa não são compatíveis com o significado de toda e qualquer base verbal, uma vez que não se anexam a formas como 'nevar', 'nublar' e 'relampejar'. Essa falta de aplicabilidade decorre de sua relação com o sujeito da sentença (e não com o conteúdo do verbo). Nos paradigmas verbais, a defectividade se manifesta apenas nos afixos de concordância. Tomando por base a proposta de Bybee (1985), a defectividade é explicada pelo fato de os sufixos de número/pessoa não serem tão relevantes para as bases quanto os de tempo/modo, que nunca deixam de aplicar porque têm relação mais direta com o conteúdo dos verbos.

Além disso, número/pessoa são significados redundantes sintaticamente, pois são veiculados por um sujeito que antecede o verbo, na grande maioria das vezes. Por isso mesmo, as marcas de concordância podem não ser utilizadas em algumas variantes do português brasileiro, como comprovam os dados em (40). Nessas variedades, nem todos os afixos de número/pessoa são obrigatórios e os contrastes são apenas binários (Monteiro, 1983): entre a 1ª pessoa do singular ('eu compro') e as demais ('tu/você compra', 'ele compra', 'nós/a gente compra', 'vocês compra' e 'eles compra').

(40) Fulano e Beltrano foi ao cinema comigo.
      Tu não quer ir ao cinema comigo?
      Vocês não vai ao cinema comigo?

No caso do português, a cumulação também demonstra que a fusão acontece entre significados gramaticais com mesmo grau de relevância. De fato, número e pessoa, que fazem referência ao sujeito e têm baixa relevância, são significados que se sobrepõem em formas como -*mos* e -*m* ('cantamos' e 'cantam').[13] Modo, tempo e aspecto, que são conteúdos que fazem referência à situação e apresentam relevância média, fundem-se em unidades como *-va* e *-ria* ('cantava' e 'cantaria'). Confirma-se, então, que se sobrepõem, pela cumulação, categorias que ocupam posições próximas no *continuum* apresentado em (34).

A representação feita em (41), a seguir, sintetiza as principais conclusões a que chegamos neste capítulo. Nessa formalização, os seis significados gramaticais aqui analisados são dispostos num *continuum* de fusão. Observe-se que as categorias à esquerda apresentam, em português, manifestação apenas lexical. À medida que se avança para a direita, diminui o grau de fusão, uma vez que há uma progressiva tendência à expressão morfológica. No final da escala, aparece uma categoria que, em algumas variantes, vem deixando de se realizar morfologicamente. Há, da valência para a concordância, um gradual avanço do léxico para a sintaxe, confirmando, portanto, a proposta de Bybee (1985), para quem o significado determina o tipo de expressão linguística, sendo a fusão consequência de diferentes relações de relevância.

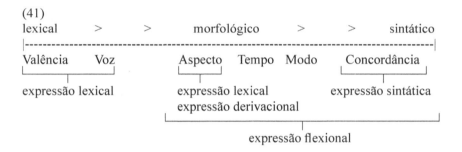

E o *continuum* flexão-derivação?

Ao longo deste capítulo, assumimos que a diferença entre flexão e derivação não é discreta. Também ressaltamos que afixos flexionais não apresentam comportamento idêntico, pois não modificam da mesma maneira o conteúdo das bases. Diferenças de relevância aparecem vinculadas a diferenças de *status* morfológico, em função da generalidade e da fusão.

A proposta de Bybee (1985) de fato dá conta do comportamento de categorias tacitamente analisadas como flexionais. No entanto, deixa em aberto a questão do *continuum*, uma vez que não compara, a partir dos determinantes da expressão flexional, afixos com diferentes categorizações. Por exemplo, fica

120 Iniciação aos estudos morfológicos

difícil, apenas com a relevância e a generalidade, decidir se o -a de feminino é menos derivacional que os afixos de grau. Por seus significados, -inho e -ão são mais relevantes para o conteúdo dos nomes que a marca de feminino. No entanto, pela generalidade, sem dúvida alguma os primeiros têm mais propriedades flexionais que o último, já que apresentam menos restrições de aplicabilidade.

Como posicionar os afixos de grau e a marca de feminino ao longo de um *continuum* que se inicia na flexão e culmina na derivação, expressões morfológicas consideradas gradientes pela autora? Em outras palavras, como medir a aproximação ou o afastamento dos extremos prototípicos em casos como esses? Se, por um lado, Bybee (1985: 18) nega a existência de fenômenos nitidamente categorizáveis como flexionais ou como derivacionais, por outro, não oferece instrumental para medir em que proporção um afixo exibe comportamento diferente do esperado para sua classe.

No capítulo "O *continuum* aplicado ao português", tentaremos aplicar a ideia de um *continuum* flexão-derivação, analisando afixos de difícil categorização em português, como -*mente*, formador de advérbios a partir de adjetivos, e -*a*, marcador de gênero feminino. Também forneceremos ferramentas para checar o estatuto morfológico de um afixo e comparar formativos considerados derivacionais, tarefas não levadas a cabo pela autora.

NOTAS

[1] Toda a análise de Bybee (1985) foi baseada da amostra de Perkins: um conjunto de 50 (cinquenta) línguas de parentescos variados e sem grandes contatos areais.

[2] Se quisermos expandir o *continuum* apresentado em (08), podemos afirmar que a composição – processo que forma novas palavras a partir de dois vocábulos ou de duas bases presas – figura entre a expressão derivacional e a lexical. Nessa operação morfológica, dois itens lexicais independentes podem ser usados para fins de denominação, como ocorre com 'bolsa-família' e 'porta-copos'. Uma vez que as bases que participam da formação de compostos são livres ou potencialmente livres, é possível dizer que equivalem a palavras morfológicas. Compostos combinam palavras morfológicas para gerar um novo lexema (BAT-EL, 1998). Assumindo que o morfema é uma unidade de significação, identificam-se três elementos morfológicos em um composto (Spencer, 1993). Por exemplo, 'porta-níquel' não apenas rotula um objeto (tipo de bolsa), mas também veicula os conteúdos 'portar' e 'níquel': os dois significados combinam-se para formar um novo conceito unificado. Por conseguinte, os conteúdos das duas palavras morfológicas são veiculados na palavra morfológica complexa, uma vez que contribuem para formá-la. Como os significados em questão aparecem representados lexicalmente em duas palavras diferentes, a composição figura entre as expressões lexical e derivacional.

[3] Em Bybee (1985), o termo lexicalização é empregado em sentido bem abrangente: expressão lexical de dois ou mais conteúdos. Dessa forma, não corresponde ao que vínhamos considerando lexicalizado nos capítulos anteriores, quando analisamos o fenômeno como qualquer anomalia na forma ou no conteúdo de construções morfológicas.

4 Em outras palavras, Bybee (1985) retoma as propostas de Sapir (1921) sobre a relação entre língua e cultura: conceitos relevantes para uma dada cultura tendem a aparecer refletidos no vocabulário da comunidade falante.

5 Os significados "dimensão" e "intensidade" são sempre relativos, isto é, dependem do ponto de vista do emissor julgamentos de tamanho ou de excesso. As informações de gênero e de número, ao contrário, são absolutas e não dependem de julgamentos pré-estabelecidos pelo falante (Gonçalves, 2006).

6 As entidades do mundo externo a que se referem as formas 'juiz' e 'juíza' são diferentes. A palavra 'juizes', ao contrário, aponta para uma mesma entidade referencial, modificada apenas em termos numéricos. O referente da palavra 'juíza' é o "ser do sexo feminino que exerce a função de juiz". No caso de 'juízes', a referência não é tão pontual, uma vez que, mais genérica, aponta para um conjunto de indivíduos que tem em comum o exercício da profissão de juiz.

7 Coletivos veiculam a noção de conjunto (e não a de plural), como demonstra Piza (2001). Aparentemente, não há expressão lexical para o plural em português. Em nossa pesquisa, não conseguimos encontrar sequer um caso de expressão lexical para o número.

8 O imperativo apresenta a mesma forma de raiz que o presente. Do ponto de vista do tempo, podemos afirmar que o modo imperativo, por expressar uma ordem, veicula a noção de presente (Rocha Lima, 1975).

9 Em algumas línguas da amostra analisada por Bybee, o verbo pode apresentar um afixo de concordância com o objeto (gênero, número ou pessoa).

10 De acordo com Ilari & Geraldi (1987: 49), mudanças de voz alteram *a atribuição, aos vários participantes, dos papéis de tema e rema*.

11 Bybee argumenta que essas três noções são as que mais apresentam expressão flexional na amostra, muito embora Carstairs-McCarthy (1992), em capítulo destinado à discussão das diferenças entre flexão e derivação, discuta esses resultados, argumentando que existem contraevidências. Como a autora fala em tendências gerais, não vemos problemas em sua análise.

12 Além de /eN ... ecer/, outros circunfixos também podem formar verbos a partir de nomes. Tal é o caso de /a ... ar/, como ocorre em 'aclarar', 'acalmar', 'aconselhar' e 'afrancesar', entre outros. Substantivos também podem ser verbalizados através do sufixo -ar ('ancorar' e 'borboletar'), como mostra Basilio (1993). A questão da direcionalidade (V   N ou N   V), no entanto, é alvo de grandes discussões na literatura sobre o português (Gamarsky, 1984; Basilio, 1980).

13 A marca de terceira pessoa do plural – um <m> ortográfico ('podem') ou um ditongo nasal tônico ('poderão') – é, na verdade, o arquifonema nasal (/N/), como evidencia Mattoso Câmara Jr. (1970).

O *continuum* aplicado ao português

No capítulo "O *continuum* flexão-derivação", advoga-se a existência de um *continuum* entre a flexão e a derivação. Os chamados "determinantes da expressão flexional" (Bybee, 1985) conduzem a generalizações interessantes acerca (a) dos tipos de significado com mais chance de expressão flexional nas línguas do mundo, (b) da maior proximidade de elementos mais importantes para o significado da base e (c) dos elevados índices de fusão em conteúdos mais relevantes. No entanto, relevância e generalidade, por si sós, não possibilitam avaliar em que proporção os processos se distanciam dos ideais prototípicos ou por que uma operação é mais flexional (derivacional) que outra.

No trabalho de Bybee (1985), relevância e generalidade parecem fornecer subsídios para categorizar uma operação morfológica como discreta (e não como gradiente). Em outras palavras, não aparece operacionalizada, na prática, a ideia de escalaridade entre a flexão e a derivação. Por exemplo, sabe-se que os elementos de modo/tempo/aspecto, por sua maior relevância para o conteúdo de verbos, precedem os de número/pessoa. Seriam esses últimos menos flexionais que os primeiros somente porque são menos relevantes e mais distantes da base? Ordem e fusão são as únicas medidas de avaliação para caracterizar uma operação como mais (ou menos) flexional/derivacional? E no caso de afixos que se excluem mutuamente e que, em termos de ordem, figuram na mesma posição em relação à base, qual seria sua possível localização num *continuum*? Enfim, como medir o teor flexional/derivacional de um afixo a partir dos expedientes apresentados no capítulo "O *continuum* flexão-derivação"?

Como a diferença entre flexão e derivação não é discreta, torna-se necessário buscar parâmetros que funcionem como medidas de avaliação para o posicionamento dos afixos ao longo do *continuum* idealizado por Bybee (1985). A autora não fornece esse instrumental. Ordem é apenas reflexo do princípio da relevância, não servindo, de modo inteiramente preciso e eficaz, para checar em que proporção um processo se afasta ou se aproxima dos extremos da escala.

A generalidade, embora mensurável, pode suscitar resultados nem sempre oportunos. Por exemplo, o *-a* de feminino é menos aplicável que os sufixos de grau, mas não parece menos flexional que *-inho*, *-ão* ou *-íssimo*, sem qualquer relevância para a sintaxe. Dessa forma, para dispor afixos ao longo de um *continuum* flexão-derivação, é necessário avaliar seu comportamento segundo aspectos que apontem para diferenças de comportamento entre esses dois tipos de operação morfológica.

Neste capítulo, tentaremos fornecer esse instrumental, comparando afixos derivacionais de diferentes tipos, o que não é feito em Bybee (1985), que se limita a contrastar categorias tacitamente analisadas como flexionais. Além disso, com base em Piza (2001), analisaremos os afixos de gênero, número e grau à luz de um *continuum* flexão-derivação.

Hierarquização de atributos

No capítulo "Das diferenças entre flexão e derivação", apresentamos uma série de critérios objetivos utilizados para diferenciar as operações flexionais das derivacionais. Embora esses parâmetros sejam problemáticos, por conduzir a agrupamentos muitas vezes conflitantes, acreditamos que alguns podem ser utilizados como instrumentos para a avaliação do estatuto morfológico de afixos, na medida em que fornecem generalizações quase sempre desejáveis. Os resíduos podem ser interpretados como evidências de que a categorização realmente se processa na base de protótipos, uma vez que representantes da classe derivação podem apresentar atributos compatíveis com os da flexão, sendo sutis as diferenças entre eles e, consequentemente, entre as suas classes.

Apesar de aplicáveis com relativa eficácia, os critérios empíricos não têm o mesmo grau de preditividade, pois alguns são inoperantes na prática. Por exemplo, **função indexical** e **criação de novos afixos** fazem previsões pouco imperativas, pois servem para diagnosticar processos morfológicos extremamente marcados. Ao contrário, a **obrigatoriedade** constitui parâmetro de maior peso, já que prognostica, de modo mais abrangente e satisfatório, uma variedade maior de afixos.

Assumimos, neste capítulo, que, para checar o afastamento/aproximação dos afixos de uma língua no *continuum* flexão-derivação, os critérios empíricos podem ser hierarquizados pela preditividade. Adotando essa postura, é possível afirmar que há parâmetros mais decisivos, e que os atributos definidores da morfologia afixacional (o termo é de Bochner, 1992) não são necessariamente binários.

A formulação de uma escala hipotética de prototipicidade tem de ser baseada em instrumentos que possibilitem identificar matizes caracterizadores dos exemplares mais representativos de cada extremo. Tomando por base a representação feita em (01), a seguir, podemos afirmar que os protótipos, localizados no início e no final do *continuum*, idealmente preenchem os requisitos constantes da matriz. Nessa matriz, aparecem atributos hipotéticos definidores da classe flexão. Espera-se que afixos posicionados mais à esquerda apresentem, em maior proporção, as características especificadas nos parênteses.

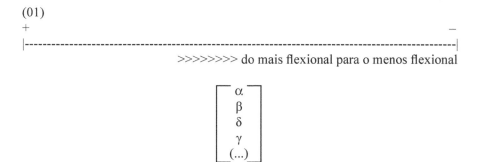

A representação em (01) ilustra o fenômeno da gradiência. Para um formativo ser representante modelar da categoria flexão, deve portar todos os atributos definidores da classe. À medida que um afixo deixa de satisfazer os requisitos, distancia-se do ideal prototípico, localizando-se em posições progressivamente mais afastadas da esquerda, por apresentar menor grau de pertencimento a essa classe.

Relevância como parâmetro gradual

O primeiro parâmetro que auxilia no diagnóstico flexional/derivacional de um afixo é a **relevância**, tal como definida no capítulo "O *continuum* flexão-derivação". Convencidos de que a relevância é gradual, podemos afirmar que, por seus significados, afixos apresentam relevância alta, média ou baixa em relação à base.

No caso dos verbos, são mais relevantes os conteúdos que afetam a descrição do evento, como, por exemplo, a voz. Significados que focalizam os participantes, como a noção de pessoa, são menos relevantes para o radical. Por fim, conteúdos que se relacionam com a situação comunicativa têm relevância média, a exemplo do modo.

Nos nomes, são mais importantes os significados que alteram a entidade referida. Elevados graus de relevância se associam às expressões lexical e derivacional, ao passo que relevâncias mais baixas estão constantemente vinculadas à expressão sintática. Caso, definitude e gênero são categorias nominais que quase sempre se manifestam por expedientes morfológicos nas línguas do mundo. Mudanças no gênero produzem alterações nas entidades referidas, ao passo que o caso sinaliza relações entre constituinte da sentença e a definitude revela o lugar do nome no discurso. Diferentemente do gênero, o caso e a definitude têm menos efeitos diretos sobre a descrição da entidade e, por isso, são menos relevantes para o nome. Apesar de mais relevante que o caso e a definitude, o gênero é menos relevante que o grau, haja vista que a dimensão e a intensidade envolvem avaliação subjetiva por parte do falante.

Conteúdos que afetam a entidade referida são os que produzem as maiores alterações de significado (têm relevância alta). Por outro lado, conteúdos que pressupõem relações apenas estruturais, como o caso, têm relevância mais baixa. Por fim, apresentam relevância média os significados dêiticos, cuja função é a de situar o nome no discurso, como a definitude.

Significados com relevância média são candidatos potenciais à maior proximidade do extremo esquerdo do *continuum* formulado em (01). No caso dos verbos, é possível afirmar que as marcas de concordância apresentam baixa relevância para as bases por estarem relacionadas aos participantes do evento. Valência e aspecto, ao contrário, fazem referência direta ao evento e, por isso, têm alta relevância. Por fim, tempo e modo, como modificam somente a descrição do evento, apresentam relevância média. Dessa forma, os afixos de modo/tempo estariam localizados mais à esquerda do *continuum*.

Ao analisar a relevância como propriedade gradiente, é possível situar as operações tipicamente flexionais mais próximas do extremo esquerdo da escala. Apesar de funcionar em inúmeros casos, esse parâmetro não permite distinguir o grau de proximidade/distância das operações niveladas em termos de relevância. Por exemplo, nos processos com feição mais derivacional, a relevância é sempre alta. O acréscimo de -al ou de -eiro a uma base como 'coco' cria novos referentes: 'coqueiro' é a árvore que produz cocos e 'coqueiral', o local onde se concentram plantações dessa fruta. Se quisermos atribuir um grau para a relevância dos significados de -eiro e de -al em relação à base, somos levados a dizer que é elevado, pois, em ambos os casos, o referente deixa de ser 'coco'. Pelo critério da relevância, não é possível afirmar ser -al menos (mais) derivacional que -eiro.

Vejamos outro exemplo. Os sufixos -douro e -dor se anexam a bases verbais e manifestam, nesta ordem, os conteúdos "local" e "agente", como em 'bebedouro' e 'bebedor', respectivamente. Sem dúvida alguma, os dois afixos são extremamente importantes para o significado da base, uma vez que mudam a classe e nomeiam entidades. Dessa forma, não há como decidir qual deles está mais próximo do lado direito do continuum, uma vez que têm o mesmo grau de relevância e não aparecem juntos numa mesma palavra.

Por outro lado, se entendemos que fusões constituem reflexos de variadas relações de relevância (Bybee, 1985: 18), podemos diferenciar os conteúdos expressos por diferentes afixos pelo número de formas com expressão lexical. Nesse caso, a fusão vem a ser uma importante medida, pois possibilita avaliar, de modo mais objetivo, a importância do significado do afixo para o significado da base.

Em linhas gerais, reconhecemos três níveis de fusão: (a) alto – quando o conteúdo de um formativo é representado por um grande volume de formas monomorfêmicas com expressão lexical; (b) médio – quando um pequeno conjunto de palavras monomorfêmicas remete ao significado do afixo; e, finalmente, (c) baixo – quando praticamente não se encontram expressões lexicais para o conteúdo em exame.

A primeira situação é exemplificada com o sufixo -douro, que aparece em construções como 'bebedouro', 'ancoradouro' e 'abatedouro', cuja paráfrase mais apropriada é a de "local onde ação de x é realizada". Por ser extremamente relevante, esse conteúdo se atualiza numa enorme variedade de formas que remetam ao lugar em que um evento acontece. Por exemplo, o substantivo 'cama' pode ser interpretado como "o local em que se dorme", da

128 Iniciação aos estudos morfológicos

mesma forma que 'academia' é o "lugar onde se malha". Há, em português, uma infinidade de substantivos que implicitamente veiculam o conteúdo de -*douro*, como, entre outros, 'escola', 'maternidade' e 'igreja'.

Na segunda situação, relevância média, encontram-se afixos como o -*a* de feminino. Existe, na língua portuguesa, um grupo de femininos monomorfêmicos que se opõem aos masculinos com outro radical. Dentre vários exemplos, temos 'cabra', 'nora' e 'vaca'. Esse conjunto, no entanto, não é tão extenso quanto o primeiro. De fato, pares supletivos que estabelecem esse contraste não são tão numerosos assim. Talvez seja possível contar quantas são as raízes heteronímicas que estabelecem oposição de sexo, tarefa inimaginável, por exemplo, para os pares de palavras que se distinguem em função do significado "contrário" ('triste' x 'feliz'; 'feio' x 'bonito'; e 'velho' x 'novo'). Portanto, a fusão associada ao -*a* de feminino pode ser considerada média.

Por fim, temos o baixo número de expressões lexicais. Nessa situação, encontram-se os afixos de tempo/modo e o -*s* de plural. São raros os casos de expressão lexical para tempo/modo. Nos verbos, a fusão aparece com maior frequência no próprio radical, que assume feição fonológica diferente para marcar a sobreposição do conteúdo lexical com o gramatical. Tal é o caso de 'pôr', já comentado, cujas diferentes realizações da base ('puS', 'poN', 'poR' e 'poS') sinalizam fusões de tempo/modo.

A relevância pode ser medida pela fusão, já que esta é consequência daquela. Como na relevância, é possível admitir diferentes graus de fusão e utilizar o volume de casos de expressão lexical como ferramenta analítica para o controle do grau de flexionalidade dos afixos.

Relevância e ordem

Como a sequenciação linear dos formativos decorre do princípio da relevância, a ordem indicia o tipo de expressão mais prototípico. Afixos que bloqueiam a anexação de outros tendem a ser mais flexionais que elementos não periféricos. Por exemplo, a marca de plural é sempre a última nos nomes, impedindo a expansão da palavra:[1] nenhum outro formativo pode ser anexado após o -*s* de plural. Nos dados agramaticais em (02), comprova-se que esse formativo é responsável pelo fechamento/acabamento dos nomes.

(02) *casa+s+eiro   *velha+s+mente
      *garot+s+a   *amor+es+oso
      *novo+s+idade   *bater+s+ista

O -*a* de feminino, embora venha sempre depois de quase todos os sufixos, não impede anexação do -*s* de plural, sendo, pois, menos periférico. Outra evidência de que -*a* não constitui elemento final é a formação de advérbios em -*mente* a partir de adjetivos. Em construções como 'belamente' e 'sinceramente', o sufixo -*mente* se anexa a formas de feminino, impedindo o acréscimo de qualquer outro formativo, inclusive o de plural ('*belamentes*' e '*sinceramentes*'). Resumindo, afixos que se posicionam mais à direita da palavra tendem a ser mais flexionais que aqueles que não bloqueiam a anexação de outros.

A ordem tende a revelar o maior/menor teor flexional/derivacional de um processo morfológico. Apesar de extremamente importante, esse parâmetro não é suficiente para dispor afixos ao longo de um *continuum*, pois há formativos que, devido a seus significados, naturalmente disputam o mesmo lugar na cadeia sintagmática, excluindo-se mutuamente.

Os agentivos denominais exemplificam bem essa disputa. Segundo Gonçalves & Costa (1998), -*eiro*, -*ário*, -*ista*, -*ógrafo* e -*ólogo* estão em distribuição complementar na formação, a partir de bases substantivas, de agentes referentes a profissões/ofícios. Há gradação quanto à especialização, à educação formal e ao prestígio das profissões:

(03)   -eiro >>>>>> -ário >>> >>> -ista >>> >>> -grafo >>>>>> -logo
        coveiro   ferroviário   jornalista   topógrafo   museólogo
        sapateiro   boticário   foneticista papirógrafo psicólogo
        sorveteiro   comissário   dentista   geógrafo   geólogo
        >>>>> maior grau de especialização/educação formal/prestígio

Por estarem em distribuição complementar, os sufixos em (03) não co-ocorrem, não sendo possível determinar, pela ordem, qual deles é mais (menos) derivacional. Com relação à relevância, também não há meios de posicioná-los num *continuum*, já que todos modificam a referência (de objeto para humano), apresentando igual importância para o conteúdo das bases.

Também pela ordem não é possível determinar a maior/menor proximidade do extremo derivacional em sufixos como -*idade* e -*mente*. Os dois alteram categorização lexical da base, sendo que o primeiro forma substantivos

130 Iniciação aos estudos morfológicos

('morosidade') e o segundo, advérbios ('morosamente'). Por suas funções, esses afixos se excluem mutuamente, selecionando o mesmo tipo de base (adjetivos) para promover diferentes mudanças de classe. Além disso, são os últimos na estrutura morfológica dos nomes e bloqueiam o acréscimo de qualquer outro sufixo:

(04) *felicidadíssima   *felizmentíssima
      *lealdadeiro   *lealmenteiro
      *novidadiano   *novamentiano

Resumindo, relevância e ordem são mais úteis no diagnóstico dos processos morfológicos como discretos que como gradientes e parecem mais aplicáveis a afixos considerados flexionais, não sendo muito interessantes na comparação de afixos com perfil mais derivacional.

Conteúdo mínimo, generalidade e mudança de classe

Para ser flexional, um processo deve apresentar conteúdo mínimo. Do contrário, não será aplicável a um número considerável de bases, perdendo em generalidade. Dessa maneira, o significado do formativo indicia sua maior (menor) natureza derivacional. Ilustremos essa situação comparando dois sufixos que, nos termos de Basilio (1987), apresentam função sintática: *-dor* e *-ção*. Em ambos os casos, tem-se a transformação de um verbo em substantivo, sendo que no primeiro, adicionalmente, se veicula a ideia de agente – humano (primeira coluna) ou instrumental (segunda):

(05) trabalhador   computador
      operador   espremedor
      legislador   acendedor
      matador   liquidificador

O conteúdo de *-dor* é mais específico que o de *-ção*, uma vez que esse sufixo (a) nominaliza o verbo e (b) caracteriza um indivíduo ou um objeto como executor da ação expressa na base que serve de *input* à formação. Por seus significados, *-dor* e *-ção* apresentam diferentes graus de generalidade, sendo o segundo mais aplicável que o primeiro. Assim, *-dor*, que muda classe e nomeia um agente, parece mais derivacional que *-ção*, cuja aplicabilidade é, sem dúvida alguma, bem maior.

Significados mais abrangentes são característicos de processos que não modificam classes. Comparemos *-ismo*, de 'historicismo', 'romantismo' e 'darwinismo', com *-ivo*, de 'comemorativo', 'contemplativo' e 'descritivo'. O primeiro, que não apresenta função sintática, manifesta o significado de "doutrina, orientação ideológica ou formas de comportamento" (Sandmann, 1989: 42), ao passo que o segundo, cuja principal função é a mudança de classe, pode ser parafraseado por "pertinência ou qualidade de X" (Cunha, 1975: 143). Conclui-se, portanto, que o conteúdo de *-ismo* é mais específico que o de *-(t)ivo*, cuja contribuição semântica é menor. Por atualizar um significado mais geral, *-(t)ivo* é mais aplicável que *-ismo*: seu significado mínimo possibilita anexação a um número maior de bases, apresentando, portanto, menos restrições de aplicabilidade.

O conteúdo de processos que mudam classes se assemelha ao das flexões em termos de generalidade. Dessa forma, o slogan "morfologia que muda classe é sempre derivacional" não parece inteiramente consistente, pois, como mostra Bybee (1985: 85), *operações que alteram a categoria sintática da base podem ser consideradas flexionais em muitas línguas*, possuindo aplicabilidade até maior que a de muitas categorias *ordinariamente analisadas como flexão*.

Um exemplo que contraria tal *slogan* é o das formações x-*mente*. Embora altere a especificação lexical da base, *-mente* apresenta conteúdo mínimo e, por isso mesmo, qualquer adjetivo pode ser adverbializado com esse sufixo. Sem dúvida alguma, *-mente* é mais aplicável que o *-a* de feminino, formando paradigmas mais regulares. Como a flexão tem de apresentar alto grau de generalidade, qualquer membro de uma classe sintática específica deve receber a marca morfológica. Esse requisito não falta a *-mente*, o que faz dele um candidato potencial a ocupar, no *continuum* apresentado em (01), posição mais distanciada da derivação prototípica.

Previsibilidade

Neste item, comentaremos brevemente o que chamamos de graus de previsibilidade dos processos morfológicos. Nossa descrição está fundamentada

132 Iniciação aos estudos morfológicos

em Rocha (1994: 21-7), para quem a flexão se diferencia da derivação pela produtividade com elementos morfológicos exclusivos/específicos.

Como ressaltamos no item precedente, processos de afixação diferem em termos de aplicabilidade, pois uns são mais gerais que outros. No caso das flexões canônicas, a aplicabilidade é plena e a ocorrência de formas, absolutamente natural e quase mecânica. Ao contrário, com as derivações mais prototípicas, a situação se inverte: a aplicabilidade é relativamente baixa e nem sempre é assegurada a ocorrência de formas, em função de fatores como, por exemplo, o bloqueio e a incompatibilidade semântica. Se analisarmos a aplicabilidade em relação à previsibilidade de formas, obteremos generalizações bastante interessantes. O conteúdo "pretérito imperfeito do indicativo" manifesta-se de forma regular e sistemática em português e aparece associado, via de regra, ao sufixo -va (ou à variante -ia). De fato, nenhum outro formativo veicula a ideia expressa por -va, além de não existir qualquer outro expediente – sintático ou fonológico ou lexical – que leve ao significado em questão. Há, portanto, elevado grau de previsibilidade na ocorrência de formas que atualizam a noção de "imperfeito do indicativo", sendo a anexação de -va a estratégia acionada para representar esse conteúdo.

A mesma previsibilidade caracteriza a manifestação do número, nos nomes. A regra a seguir formalizada (Rocha, 1998) será acionada sempre que tivermos necessidade de expressar o plural de substantivos e adjetivos: nenhum outro formativo remete a esse significado, que só se materializa morfologicamente em português, não havendo, portanto, concorrência de estratégias.

$$(06) \quad [X]_N \rightarrow [X]_N \text{-s}]_N$$
"plural"

São altamente previsíveis as expressões de número e de tempo/modo; todavia, o mesmo não acontece com o grau. Embora sejam plenamente aplicáveis à classe dos nomes, havendo, em consequência, grande generalidade, os significados "dimensão" e "intensidade" podem manifestar-se sintaticamente (x pequeno = x-inho; muito x = x-íssimo). Além disso, não há previsibilidade quanto à utilização de um elemento morfológico específico. Sem dúvida alguma, é possível prever a existência de substantivos morfologicamente modificados em grau, dada a alta generalidade dos valores expressivos associados à gradação. A forma resultante, porém, não é necessariamente produzida com um sufixo específico. Mostramos, em (07), que outros elementos morfológicos podem veicular os conteúdos "diminutivo" (primeira coluna) e "aumentativo" (segunda):

(07)

casebre	casarão
homenzico	homenzarrão
livreco	livraço
lugarejo	beiçorra
ruela	cagalhão
salícula	salaço

Se, por um lado, é generalizada a expressão morfológica do grau, por outro, não é inteiramente previsível o afixo responsável pela veiculação dos significados "dimensão" e "intensidade", como comprovam os dados em (07). De fato, é possível antever uma construção morfológica que expresse gradação, mas não é possível prever o sufixo que a forma resultante apresentará.

Raciocínio semelhante pode ser encaminhado ao fenômeno da nominalização de verbos. Não restam dúvidas de que esse processo é bastante geral e produtivo em português (Basilio, 1980; Leitão de Almeida, 2001; Basilio, 2003; Lemos de Souza, 2010). Dado um verbo, é possível cogitar a existência de um substantivo deverbal correspondente, o que comprova ser o processo aplicável em larga escala. A previsibilidade de se formarem nomes a partir de verbos não é, no entanto, diretamente proporcional à correspondência com um sufixo específico. Os dados em (08) evidenciam que a nominalização pode ser processada a partir de pelo menos três afixos: -*ção*, -*mento* e -*agem*, sem contar com os casos de derivação regressiva ('fala', 'venda', 'compra'):[2]

(08)

discriminação	embalsamento	lavagem
moralização	acontecimento	espionagem
dedetização	discernimento	vadiagem
reação	acabamento	agiotagem

Processos morfológicos gerais podem estar vinculados a mais de um afixo. Por essa razão, a previsibilidade é relativamente baixa: não há obrigatoriedade de expressão morfológica nem de utilização de um afixo específico.[3] Portanto, operações bastante aplicáveis não são necessariamente previsíveis em termos de manifestação afixal.

O mesmo acontece, por exemplo, com -*mente*. Não é obrigatório o uso desse sufixo para exteriorizar o conteúdo "de modo x", como se observa nos

134 Iniciação aos estudos morfológicos

dados em (09), que pode ser veiculado por uma locução adverbial. Apesar de geral, o processo de adverbialização de adjetivos não é previsível com relação ao afixo, uma vez que a formação de advérbios, quando morfológica, pode se manifestar pelo acréscimo de *-mente* ou por adjetivos adverbializados que, como os advérbios, não variam em gênero ou número, como atestam os dados em (10).

(09) Fulano apresentou seu relatório ⌐ convincentemente.
                                           de modo convincente.
                                           de forma convincente.

(10) Fulana fala rápido/alto/baixo/sério.
      Sicrana comprou parcelado/caro/barato.
      Ela me olha atravessado.
      A cerveja que desce redondo.

Como a previsibilidade é um parâmetro escalar, podemos graduá-la da seguinte maneira:

(11)

Grau	Comportamento dos Afixos	Exemplos
Alto	Processos gerais (muito aplicáveis), com manifestação apenas morfológica	Sufixação de plural; afixação das marcas de tempo/modo e número/pessoa
Médio	Processos gerais, com expressão morfológica e outras formas de manifestação, menos usais que a morfológica	Formações x-*mente*
Baixo	Processos gerais, com expressão morfológica a partir de vários afixos	Construções agentivas; nominalização; gradação

Derivações podem ser caracterizadas por altos graus de aplicação a formas da língua, principalmente as que promovem mudanças de classes. No entanto, o parâmetro **previsibilidade** possibilita diferenciar, de modo mais abrangente e satisfatório, (a) flexões prototípicas de operações aplicáveis em larga escala e (b) processos derivacionais gerais. Uma abordagem que concilie aplicabilidade e previsibilidade consegue chegar a generalizações interessantes sobre o comportamento flexional/derivacional dos afixos de uma língua.

Outras medidas de avaliação

De todos os aspectos discutidos no capítulo "Das diferenças entre flexão e derivação", os mais aplicáveis são, em ordem de importância, o **lugar da cabeça e a lexicalização**. Acreditamos que esses critérios possam ser utilizados como ferramentas de trabalho, isto é, como fontes de referência para a medição da flexionalidade de afixos. Por isso, tecemos alguns comentários sobre eles e sobre sua efetiva utilização na checagem que nos interessa.

O parâmetro **posição da cabeça lexical** caracteriza os afixos de grau como flexionais e, em função disso, não é inteiramente adequado para estabelecer uma separação discreta entre a flexão e a derivação. No entanto, esse critério pode constituir importante ferramenta analítica, caso estejamos interessados em medir o grau de proximidade/distância dos extremos num *continuum*. Como atributo binário, o parâmetro em questão sinaliza que a cabeça lexical aparece à esquerda nos processos modelarmente flexionais ('envelope-*s*') e à direita, nos tipicamente derivacionais ('jamb-*eiro*').

A lexicalização implica perda da composicionalidade morfológica e/ou semântica e é um fenômeno identificável na flexão e na derivação. Uma vez que foi operacionalizada em termos absolutos, a lexicalização de fato não serviu para segregar as duas morfologias. Caso seja aplicado em termos relativos, sem referência ao estatuto das marcas morfológicas, esse parâmetro também auxilia na distribuição dos afixos ao longo de um *continuum* de prototipicidade. Assumindo que a lexicalização é mensurável, distinguimos três situações quanto à frequência desse fenômeno: (a) alta – quando se observam muitas irregularidades (formais ou semânticas), como ocorre com a expressão do grau, que apresenta grande volume de formas lexicalizadas; (b) média – quando um processo é caracterizado pela presença de desvios isolados de significado ou de forma, a exemplo da marca de feminino, com pequenos casos de palavras em que o -*a* deixa de expressar uma oposição de sexo; e, por fim, (c) baixa – quando se observam anomalias isoladas na forma ou significado, a exemplo dos sufixos de número/pessoa, com casos esporádicos de lexicalização ('cheguei', uma forma de 1ª pessoa do singular, pode ser utilizada como adjetivo em 'achei sua blusa muito cheguei').

No quadro em (12), sistematizamos as medidas que servem de referência para o grau de flexionalidade dos afixos. Esse quadro substitui a matriz apresentada em (01), montada a partir de parâmetros hipotéticos (α, β, δ e γ).

136 Iniciação aos estudos morfológicos

(12)

Parâmetros	[- Flexional] <<<<-----------> >>> [+ Flexional]		
Relevância	Alta	Baixa	Média
Fusão	**Alta** inúmeros casos de expressão lexical	**Média** alguns casos de expressão lexical	**Baixa** pequeno número de formas da língua que veiculam o conteúdo do afixo
Ordem	Inicial	Medial	Final
Mudança de classe	Com mudança		Sem mudança
Generalidade	**Baixa** existência de muitas lacunas; aplicação muito restrita	**Média** processos com grandes restrições de aplicabilidade	**Alta** processos com grande aplicabilidade, sem lacunas ou com baixa restritividade
Previsibilidade	**Baixa** vários formativos e diferentes estratégias linguísticas levam ao conteúdo do afixo	**Média** um único afixo e estratégias não morfológicas	**Alta** um único afixo e expressão só morfológica
Cabeça lexical	À direita		À esquerda
Lexicalização	**Frequente** muita irregularidade na forma ou no significado de construções morfológicas com o afixo	**Média** poucos desvios de forma ou de significado	**Baixa** casos isolados de desvio

Flexões canônicas idealmente apresentam os requisitos especificados nas últimas colunas. Quando um afixo deixa de portar os atributos mais à direita, progressivamente se afasta do ideal prototípico, localizando-se em posições cada vez mais distantes do protótipo flexão. Assim, afixos com maior grau de pertencimento à classe são marcados por um número maior de características dessa categoria. No próximo item, faremos um pequeno estudo de caso.

Estudo de caso

Comecemos a testagem das previsões feitas neste capítulo com uma breve análise da nominalização deverbal. De acordo com Leitão de Almeida (2001: 3), *nominalizações encontram-se a meio caminho entre derivação e flexão, porque afetam tanto o aspecto material quanto o relacional das bases.* De fato, com a formação de substantivos, (a) verbos são transformados em entidades, tornando os nomes *referentes do discurso* (p. 3), (b) apaga-se a categoria tempo e (c) altera-se a valência. Para Leitão de Almeida (2001: 4), são categóricas as modificações de valência nos verbos transitivos, que, como nomes, não necessariamente obrigam a explicitação do objeto direto, como se vê em (13):

(13)   Pedro encontrou Paulo na fila do cinema.
        O encontro de Pedro na fila do cinema.

Por alterarem a referência, sufixos deverbais apresentam alta relevância para o conteúdo das bases. Além disso, modificam a valência, o que constitui indício de que a mudança de classe é extremamente importante para o significado da palavra. Esse aspecto, a relevância, nos levaria a afirmar que nominalizações deverbais constituem operações morfológicas com feição mais derivacional em português.

Quanto à expressão lexical de conteúdos expressos por nominalizações deverbais, existe um grande contingente de nomes que, embora sem qualquer correspondente verbal, remetem a cenas evocadas por verbos. Esses substantivos se comportam como deverbais, na medida em que veiculam a noção de evento e admitem complementação nominal.

(14)	medo	raiva	alvo
	meta	lógica	paixão
	ato	rancor	misericórdia

Por seus significados, muitas formas de (14) geram ambiguidades. Na sentença apresentada em (15), a seguir, o sintagma preposicionado 'de José'

138 Iniciação aos estudos morfológicos

pode ser interpretado tanto como experienciador quanto causador, pois 'José' pode ser a pessoa que teme ou o ser temido:

(15) O medo de José abalou Maria.

Como o conteúdo de 'medo', sem aparente processo de nominalização, é bastante parecido com o dos nomes derivados de verbos, há, no léxico, palavras morfologicamente simples que cumprem a função das formas nominalizadas. A existência de casos de expressão lexical constitui indício do alto grau de relevância e caracteriza esse processo também como derivacional.

Sufixos nominalizadores não são elementos periféricos (terminais): é possível acrescentar outros sufixos a substantivos formados de verbos, como, por exemplo, *-al* e *-ismo*, além, é claro, do *-s* de plural. Os dados em (16), a seguir, comprovam isso. Observe que é sistemática a passagem de *-ção* para *-cion*, em decorrência da presença de uma nasal não especificada para ponto na posição de coda do sufixo. Portanto, pelo parâmetro **ordem**, a nominalização também é analisável como derivacional.

(16) | congestionamentos | legalizações |
      | regimental | constitucional |
      | sentimentalismo | exibicionismo |
      | sentimentalista | exibicionista |

Como a nominalização promove mudança de classe, sendo, por isso, novamente analisada como derivacional, é necessário checar sua generalidade. Enquanto processo, a nominalização é aplicável em larga escala, sendo praticamente automática a relação entre verbos e substantivos. Para formas verbais recém-introduzidas na língua, como 'azarar' ("paquerar") e 'twittar' ("operar com o twitter"), não é difícil imaginar nomes correspondentes: o substantivo 'azaração' já é amplamente utilizado e não são improváveis e/ou estranhas formas como 'twittagem' ou 'twittação'. Em outras palavras, a nominalização pode ser considerada flexional pela generalidade, uma vez que constitui processo aplicável em larga escala.

Se é geral a transformação de verbos em nomes, não é inteiramente previsível o sufixo utilizado com esse fim: vários formativos concorrem para nominalizar verbos – a operação morfológica é previsível, mas não o afixo.

Portanto, pelo parâmetro previsibilidade, sufixos como *-ção* e *-mento* devem ser considerados derivacionais em português.

Por fim, sufixos nominalizadores são cabeças das construções de que participam e podem lexicalizar formas, sendo considerados derivacionais por essas duas medidas de avaliação. Realmente, sufixos responsáveis pela formação de substantivos são cabeças lexicais, já que atribuem gênero e operam mudança de classe. Além disso, não raro, formas nominalizadas adquirem sentido especializado, ganhando, nas palavras de Leitão de Almeida (2001: 5), *autonomia em relação ao verbos-base*. As formas em (17) exemplificam isso:

(17) recepção   ("local em que se recebe")
      lavagem   ("comida de porcos")
      embreagem   ("mecanismo de troca de marchas")
      engarrafamento   ("excesso de veículos)
      estacionamento   ("local em que se estaciona")
      certidão   ("tipo de documento")

Como se observa, um sufixo como *-ção* está longe de ser considerado flexional em português. No entanto, não chega a ser uma derivação prototípica, pois a nominalização, processo morfológico que instancia, é bastante aplicável, sendo extremamente previsível a ocorrência de substantivos deverbais em português.

A nominalização e a adverbialização constituem operações que alteram classes. Apesar de apresentarem essa característica em comum, há uma série de diferenças de comportamento entre esses processos, o que faz de *-mente* um candidato a ocupar posição mais afastada do polo direito do *continuum* flexão-derivação.

Em primeiro lugar, o conteúdo de *-mente* é menos relevante para o significado das bases a que se adjunge, pois a forma resultante continua a ser um qualificador: adjetivos e advérbios modificam, grosso modo, substantivos e verbos, respectivamente.[4] Como a relevância é mais baixa, também é menor o número de expressões lexicais para o conteúdo desse sufixo. Realmente, são raros os casos de fusão. Podemos pensar em 'bem' e 'mal' como formas morfologicamente simples que veiculam o conteúdo "de modo x".

Levando em conta a ordem, *-mente* é terminal e bloqueia a colocação de qualquer outro afixo, inclusive o de plural. As aparentes exceções, como 'finalmentes', podem ser explicadas como construções fixas, já que a forma

140 Iniciação aos estudos morfológicos

de plural só é utilizada na expressão 'chegar aos finalmentes'. Como fusão e ordem são reflexos de diferentes graus de importância para o significado das bases, podemos afirmar que é média a relevância de *-mente*. Temos, com isso, indícios de que esse sufixo é menos derivacional que *-mento* ou *-ção*.

Como o afixo formador de advérbios altera a classe da base e é cabeça das formações em que aparece, *-mente* é considerado derivacional por esses dois requisitos, comportando-se, pois, como os sufixos de nominalização. Além disso, construções x-*mente* podem sofrer lexicalização. De acordo com Bomfim (1988: 9-10), muitos advérbios em *-mente* adquirem significação diferente da do adjetivo. Por exemplo, 'novamente' só se liga à base pelo significante, já que não significa "de modo novo", mas "outra vez", "mais uma vez". Bomfim (1988: 11) ressalta que *nem toda palavra em -mente denota modo*. Formas como 'realmente' e 'certamente', entre inúmeras outras, representam uma confirmação do emissor sobre a declaração:

(18) Realmente o dia está lindo.
      Certamente ele virá.
      Absolutamente não quero isso.

Em todos os exemplos de (18), predomina o aspecto subjetivo e, como mostra Bomfim (p. 11), *é indiferente a colocação no início ou no fim da frase*. A autora observa que em inúmeros advérbios x-*mente os traços semânticos dos adjetivos a partir dos quais se formaram enfraqueceram-se a tal ponto que só indicam a intensificação positiva e negativa*, como acontece com 'imensamente', 'vagamente' e 'terrivelmente'. Dessa maneira, formas x-*mente* podem apresentar-se opacificadas, o que indicia que *-mente*, pela lexicalização, não tem estatuto flexional.

Resta analisar *-mente* a partir dos parâmetros generalidade e previsibilidade. Enquanto operação linguística, a adverbialização, como a nominalização, constitui processo sistemático, sendo possível antever a existência de um advérbio a partir de um adjetivo. No entanto, a adverbialização não é operada apenas a partir de *-mente*, pois existe a possibilidade de adjetivos adverbializados cumprirem tal função, como destacamos mais acima. Portanto, podemos afirmar que o processo de formação de advérbios apresenta alta generalidade e previsibilidade média, uma vez que a expressão afixal concorre com a conversão de adjetivos.

Sufixos como -*ção* alteram a classe das bases tanto quanto -*mente*. Apesar disso, -*mente* parece menos derivacional que -*ção* ou -*mento*, já que apresenta maior número de atributos que o qualificam como flexional. A tabela apresentada em (19) evidencia o contraste entre -*mente* e -*ção* pelos parâmetros que definem a expressão flexional:

(19)

Parâmetros	-*mente*	-*ção*
Relevância	média	alta
Fusão	baixa	alta
Ordem	final	não final
Mudança de classe	com mudança	com mudança
Generalidade	alta	alta
Previsibilidade	média	baixa
Cabeça lexical	à direita	à direita
Lexicalização	frequente	frequente

Com base em (19), conclui-se que -*mente* porta mais atributos flexionais que -*ção* e, por isso mesmo, deve ser posicionado, no *continuum*, mais à esquerda. O sufixo -*ção* está distante desse ideal prototípico e, em decorrência, apresenta maior grau de pertencimento à classe derivação. Na escala de prototipicidade, -*ção* tem de ser posicionado mais à direita.

As localizações mais periféricas do *continuum* são exemplificados por -*sse*, marca de imperfeito do subjuntivo, e -*douro*, formador de locativos deverbais. No caso de -*douro*, a relevância é alta, como evidenciam os inúmeros casos de expressão lexical já comentados. De fato, o significado "lugar onde o evento x se realiza" é extremamente relevante para conteúdos verbais, uma vez que altera por completo a referência. Com -*sse*, ao contrário, veicula-se uma informação alusiva não ao conteúdo do verbo, mas à situação comunicativa. Portanto, -*douro* é mais relevante para a base que -*sse*. Essas diferenças de relevância são objetivamente vistas no número de expressões lexicais para esses significados e na ordem dos formativos no interior de construções morfológicas em que aparecem.

São incontáveis os itens monomorfêmicos que sinalizam para fusão de um conteúdo propriamente verbal com a ideia de locativo. Por exemplo, 'escola' e 'abatedouro' são genericamente interpretados, nesta ordem, como o

142 Iniciação aos estudos morfológicos

"local em que se aprende" e o "lugar em que se abate". Outros afixos podem ser acrescentados após -*douro*. Entre eles, temos o afixo de plural e os sufixos dimensivos (-*inho* e -*ão*). Com -*sse*, aparentemente não existem fusões, ou seja, é difícil imaginar uma forma morfologicamente simples que expresse, com o significado verbal, simultaneamente as ideias de "imperfeito" e "subjuntivo". No que diz respeito à ordem, esse afixo só não se caracteriza como final porque precede as marcas de concordância, como em 'encontr-á-sse-mos', por exemplo. De qualquer modo, -*sse* é mais periférico que -*douro*.

Outra diferença considerável entre esses afixos é a mudança de classe, operada apenas com -*douro*, que forma substantivos a partir de verbos. Como expressa tempo/modo/aspecto, -*sse* preserva a especificação categorial da base, não promovendo, portanto, mudança de classe.

Em termos de generalidade, -*sse* é, certamente, de uso ilimitado, podendo se agregar a qualquer tipo de verbo. Por exemplo, -*sse* é adjungido a verbos de ação ou de estado, tanto quanto a formas verbais que expressam fenômenos naturais, como 'relampejar', o que não acontece com as marcas de concordância, que são mais restritivas. São poucos os substantivos deverbais em -*douro* e esse afixo, por seu significado específico, pode não ser compatível com o conteúdo de muitas bases. A título de ilustração, verbos de estado não têm semântica que se possa combinar com a ideia de "lugar onde o evento x se realiza". O mesmo pode ser dito em relação a verbos de experiência psicológica, como 'odiar' e 'desdenhar', entre inúmeros outros.

Uma vez que -*sse* é de uso irrestrito, a geração de formas com esse elemento morfológico é inteiramente previsível. Além do mais, não há, em português, outro afixo que expresse o conteúdo de -*sse*, sendo alta sua previsibilidade. Com -*douro*, a situação se inverte: não são previsíveis novas formações e, além disso, esse sufixo não é obrigatório, pois seu significado pode ser expresso sintaticamente ('abatedouro' = "lugar de abate") ou por outros sufixos locativos, como, por exemplo, -*tório*, que também se anexa a bases verbais. De fato, -*tório* veicula praticamente o mesmo conteúdo de -*douro*, como se vê nos dados a seguir:

(20) | dormitório | lavatório
| reformatório | consultório
| escritório | refeitório

Por fim, as cabeças lexicais aparecem em diferentes posições na estrutura de palavras com -*sse* e -*douro*. No primeiro caso, a cabeça lexical é a própria base, que constitui o núcleo da construção morfológica. No segundo, ao contrário, a cabeça é o próprio sufixo, pois é ele que atribui informação sintática (substantivo) e gênero (masculino) às formações em que se encontra. Como é semanticamente transparente, -*sse* não lexicaliza verbos, pois sempre contribui com o mesmo tipo de significado nas formas a que agrega. São poucas as formas com -*douro* em português. Essas poucas formas, por outro lado, não são opacas, já que sempre remetem ao significado "locativo". Desse modo, talvez em função do baixo contingente de formas x-*douro* na língua, o fenômeno da lexicalização parece não afetar o sufixo em questão.

Indubitavelmente, -*sse* representa bem a flexão, já que todos os atributos nos levam a categorizá-lo membro dessa classe. Tal desinência só não chega a ser em representante modelar da categoria flexão porque não é afixo terminal. No caso de -*douro*, é grande a proximidade do lado direito do *continuum*, pois apresenta baixíssimo grau de pertencimento à classe das flexões: não fosse a lexicalização, esse afixo seria 100% derivacional.

A formalização em (21), a seguir, resume as ideias apresentadas neste item. Nessa representação, aparecem os quatro afixos contrastados. Observe-se que -*douro* foi alocado mais à direita, enquanto -*sse* foi posicionado quase à esquerda. Entre esses dois afixos, aparecem -*mente* e -*ção*, que pode ser interpretado, este último, como representante dos sufixos nominalizadores. De -*sse* para -*douro*, há um gradativo afastamento do modelo idealizado para a flexão:

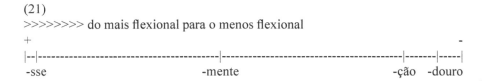

Gênero, número e grau no *continuum* flexão-derivação

Exemplo de aplicação da proposta de Bybee (1985) para o português é o trabalho de Piza (2001). A autora analisou os afixos de gênero feminino, número plural e o grau dimensivo à luz de um *continuum* de relevância e fusão. Nesta

144 Iniciação aos estudos morfológicos

última parte de nosso estudo, resumimos as principais ideias apresentadas em Piza (2001), para quem a ordem dos formativos, na estrutura morfológica dos nomes, constitui indício de suas diferentes localizações numa escala de prototipicidade flexão-derivação.

Desde o trabalho pioneiro de Mattoso Câmara Jr. (1970), o grau vem sendo interpretado como mecanismo de natureza derivacional em nossa língua. Contra toda uma literatura de orientação prescritiva, o autor evidenciou que os afixos de grau têm comportamento diferente dos de gênero e número, considerados, por ele, as únicas flexões dos nomes portugueses.

Até a década de 1970, compêndios de gramática, amplamente baseados no modelo greco-latino, consideravam o grau como uma das variações flexionais possíveis para substantivos e adjetivos (Cunha, 1975). Tal postura ainda pode ser encontrada em inúmeras gramáticas escolares, como a de Infante (1995), por exemplo, e perpassa para linguagem corrente, em expressões coloquiais como "concordo com você em gênero, número e grau".

Fundamentalmente, dois são os argumentos apresentados por Mattoso Câmara Jr. (1970) para considerar derivacionais sufixos dimensivos e intensivos:

1) não há obrigatoriedade no emprego desses sufixos (...) – é a rigor uma questão de estilo ou preferência pessoal. Ou, antes, trata-se de um uso muito espaçado e esporádico (p. 72); e

2) não há sistematização coerente (...) para uma classe formal bem definida, como sucede com a flexão de plural para os adjetivos portugueses em geral e para a flexão de feminino com os adjetivos terminados em -o (p. 73).

Seguindo na linha descritiva inaugurada por Mattoso Câmara Jr. (1970), vários autores explicitamente analisam a gradação morfológica como processo derivacional em nossa língua (Rosa, 1983; Sandmann, 1990; Rocha, 1994). Embora não contrarie essa tendência, Piza (2001: 2) mostra que o grau *realmente apresenta inúmeras características derivacionais. No entanto, não menos dignos de nota são os vários aspectos que o aproximam da flexão.* Dessa maneira, Piza observa que os afixos de grau não chegam a se posicionar no lado direito do *continuum* (o das derivações prototípicas), uma vez que compartilham, com o -*a* de feminino e com o -*s* de plural, uma série de propriedades semânticas e formais.

Assumindo que não há fenômenos nitidamente categorizáveis como flexionais ou derivacionais, Piza (2001) comprova que a marca de feminino e a desinência de plural também deixam de apresentar atributos caracterizadores das flexões mais canônicas. Vejamos, a seguir, os pontos de convergência e de divergência entre os formativos que manifestam os significados "gradação", "feminino" e "plural" em português.

Em comum, os sufixos de gênero feminino, número plural e grau dimensivo não constituem cabeças lexicais nem modificam a categorização lexical das formas a que se agregam. De fato, a interpretação semântica parte da base, já que *-inho/-ão*, *-a* e *-s* sempre funcionam como modificadores das construções de que participam. Nos dados em (22), a seguir, observa-se que (a) a estrutura é sempre DM-DT e (b) o resultado da afixação vem a ser uma palavra não modificada quanto à classe:

(22)

[juiz]$_S$	[[juiz]$_S$ -a]$_S$	[[juiz] [do sexo feminino]]$_{SN}$
	DM DT	DM DT
[bobo]$_{Adj.}$	[[bobo]$_{Adj.}$ -s]$_{Adj.}$	[[mais de um] [bobo]]$_{S\,Adj.}$
	DM DT	DT DM
[preço]$_{Adv.}$	[[preço]$_{Adv.}$ -inho]$_{Adv.}$	[[preço] [baixo]]$_{S\,Adv.}$
	DM DT	DT DM

A lexicalização – outra medida que serve para avaliar o grau de aproximação/afastamento dos processos na escala de prototipicidade – é um fenômeno que se manifesta nos três tipos de operação. Em linhas gerais, os afixos de gênero, número e grau são passíveis de lexicalização semântica, pois podem levar a opacificações de sentido em proveito da nomeação:

(23)

Número	**Gênero**	**Grau**
sentimentos ("pêsames")	loba ("quarentona")	camisinha ("preservativo")
votos ("desejo; estima")	doméstica ("empregada")	orelhão ("telefone público")
paus, copas ("naipes do baralho")	porca ("rosca")	coxinha ("salgado de festa")
férias ("descaso")	pelada ("jogo de futebol")	sacolão ("estabelecimento")

Em (23), formas aparentemente complexas não são interpretadas pela soma das partes componentes. Dito de outra maneira, a lexicalização semântica é

146 Iniciação aos estudos morfológicos

possível nos três afixos ora contrastados. No entanto, há, da primeira para a terceira coluna, um progressivo aumento no número de formas opacificadas na língua: os afixos de grau respondem por um volume maior de palavras lexicalizadas, enquanto os de número, ao que tudo indica, apresentam apenas um pequeno contingente de formas idiomatizadas.

Os dados em (23) evidenciam que não é totalmente verdadeira a afirmação de que afixos flexionais têm significado sempre previsível e transparente. No entanto, se a irregularidade for trabalhada em termos relativos, pode-se afirmar que, do afixo de número para os de grau, uma crescente tendência à opacificação de sentidos, o que faz da marca de feminino um afixo com atuação moderada da lexicalização.

Tomando por base as expressões lexicais, detectamos comportamento bastante diferenciado entre os significados "gradação", "feminino" e "plural". Sem sombra de dúvida, as noções veiculadas pelos afixos de grau, "dimensão" e "intensidade", apresentam mais casos de expressão lexical, como se constata em (24):

(24)		
	bezerro	(boi + pequeno)
	anão	(homem + pequeno)
	pinto	(galo + pequeno)
	gigante	(homem + grande)
	concha	(colher + grande)
	péssimo	(ruim + muito)
	imenso	(grande + muito)
	horrível	(feio + muito)

Em português, há um grupo de palavras monomorfêmicas que atualizam o mesmo significado que a marca de feminino, a exemplo de 'égua' e 'cabra'. Em termos quantitativos, no entanto, esse número pode ser considerado ínfimo, se comparado ao de itens com expressão lexical para "dimensão" ou "intensidade". Formas supletivas para o número plural são raras.

Uma vez que a fusão constitui reflexo da relevância, podemos afirmar que o vocabulário da língua fornece pistas sobre o estatuto morfológico dos afixos. Como as noções veiculadas pelas marcas de grau são mais relevantes para as bases que a de gênero feminino e estas mais relevantes que a de número plural, conclui-se (a) que *-s* é mais flexional que *-a* e (b) que o *-a* de feminino é menos derivacional que *-inho* ou *-ão*. Essa hipótese é reforçada pelas evidências abaixo, apresentadas por Piza (2001: 79-83):

(a) o número, ao contrário do gênero e do grau, não exterioriza pontos de vista do falante, pois o -*s* de plural, semanticamente mais estável que o -*a* de feminino e que os sufixos de grau, nunca é utilizado com finalidades expressivas; e

(b) as noções "feminino" e "dimensão"/"intensidade" não se manifestam exclusivamente por estratégias morfológicas, enquanto o conteúdo "plural" só se realiza pela sufixação de -*s* (ou de suas variantes fonologicamente condicionadas).

Afixos de grau atuam na interface morfologia-pragmática (Gonçalves, 2006, 2007) porque envolvem juízos de valor por parte do falante: 'vidão' e 'vidinha' são construções necessariamente opinativas, já que revelam julgamentos do emissor em relação ao objeto referido. O mesmo acontece com o -*a* de feminino, que pode ser marcado por conotação depreciativa: formas como 'vagabunda' e 'cachorra' são mais pejorativas que as masculinas correspondentes. Além disso, a morfologia pode não ser soberana na tarefa de veicular os conteúdos "feminino" e "dimensão"/"intensidade", como confirmam os seguintes exemplos:

(25)

ursa	(ou fêmea do urso)	garfinho (ou garfo pequeno)
gata	(ou gato fêmea)	quadrão (ou quadro grande)
sapa	(sapo do sexo feminino)	lindíssima (muito linda)

Piza (2001) ressalta que o número plural só pode ser expresso morfologicamente. Para a autora, a noção de coletivo *configura a ideia de conjunto anterior à de unidade* (p. 52). Como na noção de conjunto está *embutida a de homogeneidade dos componentes* (p. 53), coletivos podem ser pluralizados, o que constitui evidência de que formas como 'cardume' e 'matilha' não necessariamente atualizam a noção de plural. O mesmo pode ser dito em relação às formas x-*ada*, que também veiculam o conteúdo "conjunto" e, por isso mesmo, podem ser sufixadas por -*s*:

(26)

meninada	→	meninadas
boiada	→	boiadas
manada	→	manadas
rapaziada	→	rapaziadas

148 Iniciação aos estudos morfológicos

Até o momento, constata-se uma forte semelhança entre os afixos de gênero feminino e grau dimensivo, que se aproximam, bem mais que a marca de número plural, das derivações canônicas. Realmente, o -s de plural tem se apresentado como representante modelar da categoria flexão, uma vez que preenche os requisitos necessários para a localização mais à esquerda no *continuum*. Apesar de flexional em quase todos os atributos, a marca de plural sofre lexicalização, o que afasta a possibilidade de o sufixo -s representar uma flexão prototípica.

Entre o gênero e o grau, há, no entanto, algumas diferenças. Em primeiro lugar, os sufixos de grau apresentam aplicabilidade plena e, por isso, praticamente não existem lacunas para a expressão da dimensão ou da intensidade. Por serem avaliativos, esses afixos atualizam conteúdos gerais o suficiente para se anexar a uma grande variedade de bases. A noção veiculada pelo -a de 'esposa', "ser do sexo feminino", impede que esse afixo se aplique a muitas formas da língua. Assim, como o significado de -a é mais restrito, por exemplo, que o de -inho, somente nomes que fazem referência a seres sexuados são compatíveis com o conteúdo desse sufixo. Mesmo no grupo dos substantivos referentes a animais, que obviamente admite oposição de sexo, há numerosas lacunas, como confirmam os dados em (27):

(27)	cachorro	cachorra	jacaré	*jacareia
	gato	gata	tatu	*tatua
	macaco	macaca	urubu	*urubua
	urso	ursa	tubarão	*tubaroa/ona
	rato	rata	peixe	*peixa

A afixação do -a de feminino não constitui mecanismo regular e sistemático em português, pois há numerosas lacunas. Recorrendo a Mattoso Câmara Jr. (1970: 72-3), podemos afirmar que não há, na formação de femininos, *sistematização coerente (...) para uma classe formal bem definida*, uma vez que se trata *de um uso muito espaçado e esporádico*. As palavras do autor foram utilizadas com referência ao grau, mas fazem mais sentido na caracterização da marca de feminino, bem mais idiossincrática. Enfim, tomando por base a generalidade, somos forçados a afirmar que o grau é mais flexional que o gênero.

Por outro lado, se levarmos em conta o fenômeno da concordância, veremos que o substantivo repassa, a seus alvos, a informação de feminino, o que não se dá, por exemplo, com o diminutivo. A sentença em (28) mostra isso:

(28) A filha do Fulano é uma   garotinha   bonita e fofa.
      [alvo] [controlador] [alvo]   [alvo]

Como os afixos de grau não são acessíveis à sintaxe, os alvos, em (28), podem ou não apresentar a marca morfológica de diminutivo do controlador, mas necessariamente concordam com em gênero. A gradação dimensiva do núcleo 'garotinha' pode não ser transposta para os adjuntos, o que mostra não ser verdadeira a expressão popular "concordo com você em gênero, número e grau": a concordância não opera obrigatoriamente entre afixos de grau.[5] Pelo critério **obrigatoriedade**, a expressão do gênero é até mais flexional que a de número, que pode não se realizar em algumas variedades do português brasileiro, a exemplo de (29), a seguir. A falta de concordância de gênero, no entanto, resulta em agramaticalidade:

(29) Os cachorrinho lindo do Beltrano sumiu.
      *O cachorrinha lindo do Beltrano sumiu.

Embora não seja categorizado como flexional, dadas (a) as restrições de aplicabilidade e (b) a existência de expressões lexicais para o significado "indivíduo do sexo feminino", *-a* é certamente menos derivacional que *-inho*, *-ão* ou *-íssimo*. Como a marca de feminino porta mais atributos caracterizadores da flexão, deve preceder, no *continuum*, as de grau.

De acordo com Piza (2001), nenhum dos três casos examinados é 100% flexional ou derivacional: as medidas de avaliação, na sua totalidade, não levam ao mesmo diagnóstico. É claro que a gradação se afasta bem mais do perfil desenhado para operações flexionais, mas nem por isso deixa de apresentar traços que caracterizem a flexão, uma vez que não altera classes, tem aplicabilidade plena e não constitui cabeça lexical. Na conclusão de seu trabalho, Piza (2001) propõe a seguinte escala:

(30)

<<<< do maior para o menor teor flexional

|---|--------------------|--|--|

Número   Gênero   Grau

Utilizando os critérios empíricos como medidas de avaliação, podemos determinar quanto os afixos se afastam ou se aproximam dos ideais prototípicos. Portanto, a sequenciação dos formativos, em palavras como 'querid-inh-a-s' e 'nov-inh-a-s', constitui reflexo do maior/menor estatuto flexional/derivacional das marcas morfológicas. Se, por um lado, parece imprópria uma análise que não considere derivacionais os sufixos de grau, por outro, também parece incorreta uma descrição que trate como flexional a marca morfológica de feminino.

Por ocupar posições mais centrais na escala de prototipicidade, o afixo de gênero feminino e os de grau não são os melhores exemplares da categoria flexão, comportando-se como sufixações de limites movediços. A dificuldade de categorização provém de sua natureza escorregadia: é extremamente difícil alocar as operações morfológicas em gavetas, nas quais fiquem bem acomodadas. Por isso mesmo, finalizo este trabalho com uma espécie de pós-epígrafe, fazendo minhas as palavras de Sandmann (1990: 17):

> [...] nem sempre é simples rotular palavras, pô-las em gavetas nas quais elas fiquem bem comportadas e acomodadas (...). Parece que em morfologia é preciso conformar-se com a inexistência de fronteiras rígidas e bem definidas.

NOTAS

[1] Nas construções x-*ão* e x-*inho*, os sufixos de grau podem ser adjungidos a uma forma de plural, como em 'pãezinhos' e 'caminhõezoões'. Apesar disso, o último elemento morfológico da palavra, ainda assim, é o de plural.

[2] Outros sufixos também nominalizam verbos, a exemplo de -*ada* ('encerar'/'encerada'; 'lavar'/'lavada') e -(*d)ura* ('laquear'/'laqueadura'; 'investir'/'investidura'). O primeiro, frequentemente utilizado na expressão 'dar um x-da' ('dar uma olhada', 'dar uma esticada'), apresenta significado aspectual (incoativo) e o segundo é pouco produtivo em português (Sandmann, 1989) na formação de nomes deverbais.

[3] Também é possível recorrer à sintaxe para nominalizar verbos (ato de empacotar, em vez de empacotamento). Nominalizações não são de uso obrigatório.

[4] Na escala proposta, é possível afirmar que -*mente* apresenta relevância média. De acordo com Bybee (1985: 30), advérbios formados a partir de adjetivos alteram o lugar do nome do discurso, uma vez que modificam apenas as relações de atribuição de qualidades.

[5] Nesse caso, a concordância, por ser opcional, vem a ser estilística. Mattoso Câmara Jr. (1970: 72-3) adverte que essa concordância é, a rigor, *uma questão de estilo ou de preferência pessoal* (...) e que *certa frequência de uso parece abuso ou excentricidade*. Seria perfeitamente possível o sintagma "uma garotinha bonitinha e fofinha". No entanto, a recorrência de marcas é facultativa.

REFERÊNCIAS

ALVES, João Batista. *Morfopragmática das formações truncadas no português do Brasil*. Dissertação (Mestrado em Letras Vernáculas) – Faculdade de Letras, UFRJ, Rio de Janeiro, 2002.

ANDERSON, Stephen. Where's Morphology? *Linguistic Inquiry*, 13 (1): 571-612, 1982.

_____. Inflectional Morphology. In: SHOPEN, T. (org.). *Language Tipology and Sintatic description*. Cambridge: Cambridge University Press, 1985.

_____. Morphology and the Architecture of Grammar. In: *V Encontro de Estudos em Gramática Gerativa*. Rio de Janeiro: Faculdade de Letras, UFRJ, 1997, mimeo.

ARONOFF, Mark. *Word Formation in Generative Grammar*. Cambridge: The MIT Press, 1976.

_____. *Morphology by itself*. Cambridge: Cambridge University Press, 1994.

_____; ANSHEN, Frank. Morphology and Lexican: lexicalization and produtivity. In: SPENCER, Andrew; ZWICKY, Arnold (eds.). *The handbook of morfology*. Oxford: Blackwell, 1998. p. 236-247.

AZEVEDO, João Luiz. *A expressão do agente nas construções morfológicas*. Dissertação (Mestrado em Linguística) – Faculdade de Letras, UFRJ, Rio de Janeiro, 1983.

BASILIO, Marcos. *Estruturas lexicais do português*. Petrópolis: Vozes, 1980.

_____. *Teoria Lexical*. São Paulo: Ática, 1987.

_____. *Produtividade e função dos processos de formação de palavras*. Trabalho-tema do GT de Morfologia da ALFAL. Campinas: Unicamp, 1990, mimeo.

_____. Verbos em -a(r) em português: afixação ou conversão? *DELTA*, 9 (2): 295-304, 1993.

_____. Morfológica e castilhamente: um estudo das construções x-mente no português do Brasil. *DELTA*, 14 (esp.): 15-25, 1998.

_____. *A função textual da nominalização deverbal em português*. Dissertação (Mestrado em Letras Vernáculas) – Faculdade de Letras, UFRJ, Rio de Janeiro, 2003.

BAT-EL, Olson. Selecting the best of the worst: the grammar of hebrew blends. *Phonology*, 13 (1): 283-328, 1998.

152 Iniciação aos estudos morfológicos

BAUER, Larry. *English word formation.* Berlin: Mouton de Gruyter, 1983.

BISOL, Leda (org.). *Introdução a estudos de fonologia do português brasileiro.* Porto Alegre: EDIPURCS, 2000.

BLOOMFIELD, Leonard. *Language.* New York: Henry Holt and Company, 1933.

BOCHNER, Herman. Inflection within derivation. *The Linguistic Review,* 3 (1): 411-21, 1992.

BOER, Margareth. The inflection of italian verbs: a generative account. *Journal of Italian Linguistics,* 1 (1): 55-93, 1982.

BOMFIM, Eneida. *Advérbios.* São Paulo: Ática, 1988.

BOOIJ, Geert; RUBACH, Jerzy. Posticyclic versus postlexical rules in Lexical Phonology. *Linguistic Inquirt,* 18 (1): 1-44, 1985.

BORBA, Sônia Costa. *O aspecto em português.* São Paulo: Contexto, 1991.

BRUNNER, Maria Lúcia. *Processos de intensificação em português.* Tese (Doutorado em Língua Portuguesa) – Faculdade de Letras, UFRJ, Rio de Janeiro, 1995.

BYBEE, Joan. *Morphology:* the relations between meaning and form. Amsterdam/Philadelphia: John Benjamins Publishing Co, 1985.

CALLOU, Dinah; LEITE, Yonne. *Iniciação à Fonética e à Fonologia.* Rio de Janeiro: Zahar, 1990.

CARDOSO, Zélia. *Iniciação ao latim.* São Paulo: Ática, 1989.

CARSTAIRS-MCCARTHY, Andrew. *Current Morphology.* London: Routledge, 1992.

CASTILHO, Ataliba. Introdução ao estudo do aspecto verbal na língua portuguesa. *Alfa,* 12 (1), 1968.

CHOMSKY, Noam. Remarks on nominalization. In: _____. *Studies on Semantic in Generative Grammar.* Mouton: The Hague, p. 11-61, 1970.

COLNAGHI, Carmen. *Flexão e derivação:* um labirinto gramatical. Passo Fundo: UPF, 2006.

COMRIE, Bernard. *Aspect.* Cambridge: Cambridge University Press, 1976.

CORBETT, Greville. Morphology and Agreement. In: SPENCER, A.; ZWICKY, A. (eds.). *The Handbook of Morphology.* Oxford: Basil Blackwell, p. 191-205, 1998.

CRISTÓFARO-SILVA, Thaïs. *Fonética e fonologia do português.* São Paulo: Contexto, 2000.

CUNHA, Celso. *Gramática da Língua Portuguesa.* Rio de Janeiro: MEC/FENAME, 1975.

CRYSTAL, David. *Dicionário de Linguística e Fonética.* Rio de Janeiro: Zahar, 1985.

DI SCIULLO, Ana; WILLIAMS, Edwin. *On the definition of word.* Cambridge: The MIT Press, 1987.

DRESSLER, Wolfgang; KIEFER, Ferenc. Morphopragmatics. In: DRESSLER, Wolfgang et al. (org.). *Countemporary Morphology.* Berlin: Mouton de Gruyter, 1993.

DRESSLER, Wolfgang et al. *Morphology and its demarcations.* Amsterdam: John Benjamins Publishing Company, 2004.

DUQUE, Paulo. *Considerações acerca da construção x-mente.* Monografia (Final de Curso) – Faculdade de Letras, UFRJ, Rio de Janeiro, 2000, mimeo.

FERNANDES, Francisco. *Dicionário de verbos e regimes.* Porto Alegre: Globo, 1989.

FREITAS, Horácio. *Princípios de Morfologia.* Rio de Janeiro: Oficina do Autor, 1998.

GAMARSKY, Léa. *A derivação regressiva:* um estudo da produtividade lexical em português. Tese (Doutorado em Linguística) – Faculdade de Letras, UFRJ, Rio de Janeiro, 1984.

Referências 153

GLEASON, Alan. *Introdução à Linguística Descritiva*. Lisboa: Fundação Calouste Gulbenkian, 1961.

GONÇALVES, Carlos Alexandre. *Focalização no português do Brasil*. Tese (Doutorado em Linguística) – Faculdade de Letras, UFRJ, Rio de Janeiro, 1997.

_____. Flexão e Derivação em português: propostas e problemas. *Cadernos Seminal*, 11 (1): 117-59, 2001.

_____. Morfopragmática da intensificação sufixal em português. *Revista de Letras* (São Paulo), Fortaleza, v. 1-2, n. 24, p. 43-50, 2002.

_____. A função indexical das formações x-íssimo, x-ésimo e x-érrimo no português do Brasil. Veredas (UFJF), Juiz de Fora, v. 5, n. 2, p. 47-59, 2003.

_____. Blends lexicais em português: não concatenatividade correspondência. *Veredas* (UFJF), Juiz de Fora, v. 14, n. 1, p. 16-35, 2003b.

_____. *Estudos em morfopragmática e morfologia diacrônica*. São Paulo: Booklink, 2006.

_____. Flexão e Derivação: o grau. In: BRANDÃO, Sílvia Figueiredo; VIEIRA, Sílvia Rodrigues (orgs.). *Ensino de gramática*: descrição e uso. São Paulo: Contexto, p. 149-68, 2007. v. 1.

GONÇALVES, Carlos Alexandre; COSTA, Raquel. Um caso de distribuição complementar no léxico: os sufixos agentivos denominais. *ALFA*, 42 (1): 33-61, 1998.

GONÇALVES, C. A. V. Processos morfológicos não-concatenativos: formato prosódico e latitude funcional. *Alfa* (ILCSE/Unesp), Araraquara, v. 48, n. 2, p. 30-66, 2004.

GREENBERG, Joseph. Some universal of grammar with particular reference to ordem of meningful elements. In: _____. (ed.). *Universals of language*. Cambridge: The MIT Press, 1963.

HALLE, Morris. Prolegomena to a theory of word formation. *Linguistic Inquiry*, 4 (1): 3-16, 1973.

HALPERN, Aaron. *On the Placement and Morphology of Clitics*. California: CSLI Publications, 1998.

HAUY, Amini. *Vozes verbais*. São Paulo: Ática, 1992.

KOEKSTRA, Teun. Deverbalization and inheritance. *Linguistics*, 24 (1): 549-84, 1986.

HORTA, Guida. *Os gregos e seu idioma*. Rio de Janeiro: Di Giorgio, 1978.

ILARI, Rodolfo; GERALDI, João. *Semântica*. São Paulo: Ática, 1987.

INFANTE, Nicolas. *Gramática da língua portuguesa*. São Paulo: Moderna, 1995.

JAKOBSON, Roman. *Essais de Linguistique Générale*. Paris: Minuit, 1966.

JENSEN, John. *Morphology*: word structure in generative grammar. Amsterdam: John Benjamins Publishing Company, 1991.

JOTA, Zélio. *Dicionário de Linguística*. Rio de Janeiro: Presença, 1976.

KATAMBA, Francis. *Morphology*. New York: Saint Martin Press, 1990.

KEHDI, Walter. *Morfemas do português*. São Paulo: Ática, 1987.

KIEFER, Ferenc. Morphology and Pragmatics. In: SPENCER, A.; ZWICKY, A. (eds.). *The Handbook of Morphology*. Oxford: Basil Blackwell, p. 272-79, 1998.

KIPARSKY, Paul. From cyclic phonology to lexical phonology. In: HULST, H.; SMITH, N. (orgs.). *The structure of phonological representations*. Dordrecht: Foris, p. 131-76, 1982.

KOCH, Ingedore; SOUZA e SILVA, M. Cecília. *Linguística aplicada ao português*: morfologia. São Paulo: Cortez, 1987.

LAROCA, Maria Nazaré. *Manual de Morfologia do Português*. Campinas: Pontes, 1994.

154 Iniciação aos estudos morfológicos

LAVANDERA, Beatríz. *Variación y significado*. Buenos Aires: Hachette, 1984.

LEBEN, William. *Suprasegmental phonology*. Cambridge: The MIT Press, 1973.

LEE, Seung. *Fonologia e Morfologia lexical do português*. Tese (Doutorado em Linguística) – IEL, Campinas, 1995.

LEITÃO DE ALMEIDA, Maria Lúcia. *O contínuo Flexão-Derivação:* formas nominalizadas. Comunicação apresentada no GT de "Descrição do Português da ANPOLL". Florianópolis: UFSC, 2001, mimeo.

LEMOS DE SOUZA, Janderson. *A distribuição semântica dos substantivos deverbais em -ação e -mento no português do Brasil:* uma abordagem cognitiva. Tese (Doutorado em Letras Vernáculas) – Faculdade de Letras, UFRJ, 2010.

LEVINSON, Stephen. *Pragmatics*. Cambridge: Cambridge University Press, 1983.

LIEBER, Rochelle. *On the organization of the lexicon*. (Dissertation of Phd) – Cambridge: MIT, 1980.

LOURES, Lívia Helena. *Análise contrastiva de recursos morfológicos com função expressiva em francês e português*. Tese (Doutorado em Linguística) – Faculdade de Letras, UFRJ, Rio de Janeiro, 2000.

LUFT, Celso. *Moderna gramática brasileira*. Porto Alegre: Globo, 1979.

LYONS, John. *Lingua(gem) e Linguística:* uma introdução. Rio de Janeiro: Guanabara, 1987.

MAGELA, Ana Flávia. *Aspectos da negação prefixal em português*. Dissertação (Mestrado em Língua Portuguesa) – Instituto de Letras, UFF, Niterói, 1994.

MARINHO, Marco Antônio. *Questões acerca das formações X-eiro do português do Brasil*. Dissertação (Mestrado em Letras Vernáculas) – Faculdade de Letras, UFRJ, Rio de Janeiro, 2004.

MATHEWS, Paul. *Morphology:* an introduction to theory of word-structure. Cambridge: Cambridge University press, 1974.

MATTOSO CÂMARA Jr., Joaquim. *Estrutura da língua portuguesa*. Petrópolis: Vozes, 1970.

McCARTHY, John; PRINCE, Alan. Prosodic Morphology. In: GOLDSMITH, J. (ed.). *The handbook of phonology*. Oxford: Blackwell Publishers, p. 318-66, 1994.

MIRANDA, Neusa. *Agentivos deverbais e denominais:* um estudo da produtividade lexical. Dissertação (Mestrado em Linguística) – Faculdade de Letras, UFRJ, Rio de Janeiro, 1979.

MONTEIRO, José Lemos. *Pronomes pessoais em português*. Tese (Doutorado em Língua Portuguesa) – Faculdade de Letras, UFRJ, Rio de Janeiro, 1983.

_____. *Morfologia portuguesa*. São Paulo: Ática, 1987.

NARO, Anthony. *Subsídios do Projeto Censo à Educação. Relatório Final Enviado à Finep*. Rio de Janeiro: UFRJ/Faculdade de Letras, 1986, mimeo.

PARDAL, Ernesto. *Aspects de la phonologie (generative) du portugais*. Lisboa: Centro de Linguística da Universidade de Lisboa, 1977.

PETERSON, Norman. In defense of null representation in Morphology. *Word*, 16 (1): 35-40, 1979.

PIZA, Mônica Toledo. *Gênero, número e grau no continuum Flexão/Derivação em português*. Dissertação (Mestrado em Língua Portuguesa) – Faculdade de Letras, UFRJ, Rio de Janeiro, 2001.

PRINCE, Allan; SMOLENSKY, Paul. *Optimality theory:* constraint interaction in generative grammar. Technical Repport, 2. Rutgers: University Center for Cognitive Science, 1993.

RICE, Karen. On the placement of inflection. *Linguistics Inquiry*, 16 (1): 155-61, 1985.

RIO-TORTO, Graça Maria. *Morfologia Derivacional:* teoria e aplicação ao português. Lisboa: Porto, 1993.

Referências **155**

ROCHA, Luiz Carlos. *Flexão e derivação*. Belo Horizonte: UFMG, 1994.

_____. *Estruturas morfológicas do português*. Belo Horizonte: Editora da UFMG, 1998.

ROCHA LIMA, Luiz. *Gramática Normativa da Língua Portuguesa*. Rio de Janeiro: José Olympio, 1975.

RODRIGUES, Andréa. Adjetivos em -vel: um estudo dos processos de formação. *Cadernos Pedagógicos e Culturais*, 2 (1): 139-52, 1993.

ROSA, Maria Carlota. *Introdução à Morfologia*. São Paulo: Contexto, 2000.

_____. *Formação de nomes aumentativos:* estudo da produtividade de alguns sufixos portugueses. Dissertação (Mestrado em Linguística) – Faculdade de Letras, UFRJ, Rio de Janeiro, 1983.

_____. *Morfologia Flexional*. Rio de Janeiro, mimeo. (em preparação).

RUSSEL, Kevin. Optimality and Morphology. In: ARCHANGELI, Diana; LANGEDOEN, D. (eds.). *Optimality Theory:* an overview. Malden and Oxford: Blackwell, 1997.

SÂNDALO, Filomena. Morfologia. In: MUSSALIM, Fernanda; BENTES, Anna Cristina (orgs.). *Introdução à Linguística:* domínios e fronteiras. São Paulo: Cortêz, p. 181-206, 2001.

SANDMANN, Antônio José. *Formação de palavras no português contemporâneo brasileiro*. Curitiba: Sciencia & Labor, 1989.

_____. *Morfologia Geral*. São Paulo: Contexto, 1990.

_____. *Morfologia Lexical*. São Paulo: Contexto, 1991.

SAPIR, Edward. *A linguagem:* introdução ao estudo da fala. Trad. de J. Mattoso Camara Jr. (1971). Rio de Janeiro: Acadêmica, 1921.

SCALISE, Sergio. *Generative Morphology*. Dordrecht: Foris, 1984.

_____. Inflection and derivation. *Linguistics*, 26 (1): 561-81, 1988.

SELKIRK, Elizabeth. *The syntax of word*. Cambridge: The MIT Press, 1982.

SPANÓ, Maria. *Um estudo sobre as formas x-mente na proposta de Bybee (1985)*. Monografia (Final de Curso) – Faculdade de Letras, UFRJ, Rio de Janeiro, 1999, mimeo.

SPENCER, Andrew. *Morphological Theory*. Oxford: Basil Blackwell, 1993.

_____; ZWICKY, Arnold. Introduction. In: _____. (orgs.). *The Handbook of Morphology*. Oxford: Basil Blackwell, p. 1-10, 1998.

STUMP, Gregory. Inflection. In: SPENCER, A.; ZWICKY, A. (eds.). *The Handbook of Morphology*. Oxford: Basil Blackwell, p. 13-41, 1998.

TAYLOR, Robert. *Linguistic categorization:* prototypes in linguistic theory. New York: Oxford University Press, 1995.

TRAVAGLIA, Luiz Carlos. *O aspecto verbal no português*. Uberlândia: Universidade Federal de Uberlândia, 1981.

VIVAS, Vitor. Sobre a instabilidade categorial do particípio passado. *In: Anais do XV Congresso da Assel-Rio Linguagens em Diálogo: Pesquisa e Ensino na área de Letras*. Rio de Janeiro: Clone Carioca Serviços de Multimídia Ltda, 2009.

VILLALVA, Alina. *Estruturas morfológicas:* unidades e hierarquias nas palavras do português. Lisboa: Fundação Calouste Gulbenkian, 2000.

WILLIAMS, Edwin. On the notions "lexically related" and "head of a word". *Linguistic Inquiry*, 12 (2): 245-74, 1981.

ZANOTTO, Normelio. *Estruturas mórficas do português*. Caxias do Sul: EDUCS, 1989.

O autor

Carlos Alexandre Gonçalves é professor da Faculdade de Letras da UFRJ desde 1994. Em 1997 obteve o título de doutor no Programa de Pós-graduação em Letras Vernáculas e, desde 1998, atua na área. Possui pós-doutorado pela Unicamp, subvencionado pelo CNPq, em interface morfologia-fonologia. É pesquisador da área de Linguística, com ênfase em morfologia e fonologia do português, destacando os seguintes temas: Teoria da otimalidade, Morfologia prosódica, Morfologia não concatenativa, Interfaces da morfologia e Processos de formação de palavras. É autor dos livros *Flexão e derivação em português, Introdução à morfologia não linear* e *Otimalidade em foco: morfologia e fonologia do português*, além de diversos capítulos de livros e artigos científicos publicados no Brasil e no exterior. Coordena o NEMP (Núcleo de Estudos Morfossemânticos do Português) ao lado de Maria Lúcia Leitão de Almeida, Presidente do Conselho Fiscal da AILP (Associação Internacional de Linguística do Português).

Atualmente, é professor associado II da UFRJ e desenvolve três projetos de pesquisa nessa instituição. Bolsista de produtividade em pesquisa do CNPq desde 2000, é orientador de dissertações, teses e trabalhos de iniciação científica sobre questões referentes à morfologia e à fonologia do português.

CADASTRE-SE

EM NOSSO SITE,
FIQUE POR DENTRO DAS NOVIDADES
E APROVEITE OS MELHORES DESCONTOS

LIVROS NAS ÁREAS DE:

História | Língua Portuguesa
Educação | Geografia | Comunicação
Relações Internacionais | Ciências Sociais
Formação de professor | Interesse geral

ou
editoracontexto.com.br/newscontexto

Siga a Contexto
nas Redes Sociais:
@editoracontexto